决策至上

科学决策是成功的第一要素

赵春林◎编著

金盾出版社

图书在版编目（CIP）数据

决策至上 / 赵春林编著 . —北京：金盾出版

社，2018.5

ISBN 978 - 7 - 5186 - 1360 - 1

Ⅰ . ①决… Ⅱ . ①赵… Ⅲ . ①决策学 Ⅳ . ① C934

中国版本图书馆 CIP 数据核字（2018）第 043452 号

决策至上

赵春林 编著

出版发行	金盾出版社出版、总发行
通信地址	北京市太平路 5 号（地铁万寿路站往南）
邮政编码	100036
电　　话	68214039　83219215
传　　真	68276683
网　　址	www.jdcbs.cn
印　　刷	廊坊市海涛印刷有限公司
开　　本	787mm×1092mm　1/16
字　　数	158 千字
印　　张	12
版　　次	2018 年 5 月第 1 版第 1 次印刷
定　　价	48.00 元

前　言

我们每个人都是决策者。

也许你我都是芸芸大众中的普通一员，没有抬手间影响国际局势、瞬息中把控行业脉搏的能力，但我们的生活中永远少不了决策，而决策不仅仅影响此一时的生活，也会影响彼一时的境遇，甚至对我们、他人的人生都有影响力。

小到上学、上班、吃饭、穿衣，大到创业、结婚、买房、经营企业或者实现人生理想等，都需要做出决策。虽然每个人无时无刻不在做决策，但做出的决策一定是最优质的吗？

答案是"不"。

因为，没有人是天生的决策者，决策能力不是天生就具备的，大多数需要后天的培养。一个习惯于决策的人，他的思维模式都跟别人不一样，但你能说他是"天赋异禀"吗？当然不是，一定是后天的教育和精力让他培养起了这种特殊的思维方法。

我们要做的，就是提供给每个决策者正确的决策思维，让你从这本书中学会如何为自己做决策、为家庭或者团队来做决策。

《决策至上——科学决策是成功的第一要素》这本书，就是编者通过自己和他人的经历，以及对决策的认识所编写的一本有一定决策价值的书籍。书中的每一个观点、每一个案例，都是前沿思想与现实经验的提炼。本书通过介绍决策理论、思维和方法，帮助人们在个人决策、家庭决策、企业决策、谋略决策等方面，做出最佳的选择，以提高生活品质、事业品质。

为什么要学习这些决策思维？很简单，因为决策者或做出决策的周围环境不是一成不变的，我们要面临的问题也不可以通过"一招鲜，吃遍天"的办法去解决。性格、思维模式、做事习惯不同的人，习惯的决策类型是不一样的；面对不同的领域，比如企业事务或者是个人规划、家庭大事，决策类型也是不一样的。在这些情况下，如果我们只会选择一种应对办法，是最下乘的；如果我们学会了将内容照搬对应，则未免显得不会变通、有些僵化。只有能灵活应用，做到"无招胜有招"，才算是真正参悟了决策思维。相信只要认真参悟，每个人都能培养出属于自己的决策思维。

这本书就告诉你，如何在不同的情况下应用你的决策办法，先教各位学会决策招数，再引导大家在实践中找到自己的"套路"。在过去，决策的重要性可能并不为人所知，或者就算知道决策很重要，我们也不清楚原来还有一个系统的理论、一些有用方法可以帮助自己。现在，这本书就给大家提供了一个学会做决策的机会。

我们期待读者朋友能从本书的观点、案例中找到属于自己的人生方向，指导着读者朋友更好地成就自己、成就未来！

目 录/CONTENTS

第❹章　决策方法，开启成功的钥匙

第❺章　个人决策，应彰显智慧

第 ❻ 章　家庭决策，为你保驾护航

第 ❼ 章　企业决策，为经营加分

第❽章　谋略决策，助你决胜千里

第 1 章

决策理论，
助你认清方向

决策带给人生精彩

人生会因正确的决策而精彩。但凡是决策，都存在一定的风险和不确定性，以一定的方法进行合理规避风险，能让决策展现其精彩。

为什么说人生将会因为决策而精彩呢？这是从决策的本质出发去看的。很多人不明白，决策到底是什么？有些人将决策和选择等同来看，认为做决策，就相当于在不同的方案当中做选择，其实这未免有些太过狭隘了。选择可以是深思熟虑的，也可以是轻率而为的，但是决策则不同，一定是经过一系列准备活动之后，在合理的、科学的规划下做出的决定。

所以，决策是一个过程。当我们想要实现一个目标时，应该先了解这个目标的需要，然后制订一个详细的行动方案——这个方案可以提供多个具有可行性的实践方法，根据分析判断之后，选择其中满意的一个去做，这一整个过程才能叫作"决策"。

由此可见，每一个需要做出决策的过程，都是经过深思熟虑的，而在我们人生的重要阶段，总要经历这样的过程，由此可见，你的人生之路，是由所做出的决策在主导。如果决策正确，你的人生自然会越来越精彩。

若要做一个大的决策，并且成功实现你的目标，需要融合多个因素，只有满足这些因素，你的决策才能让人生更精彩。

1. 决策需要组织

决策的实现，需要选择一个能够贯彻实行的决策组织，最终做出精彩决策。什么是我们所说的决策组织？俗话说"三个臭皮匠赛过诸葛亮"，由个人做出的决策，往往不如众人一起商量之后得出的结论。所以形成重大决策时，一个完整的决策组织是必不可少的。

应有一个决策者（为决策做最后拍板的人），他们就是决策组织的中心组成部分。然后，再由组织中其他负责人通过对数据分析、目标确定、方案拟订，而得出的一个客观的、合理的决策结论。

一个高品质的决策，需要搭建这样一个完整的组织，有领导人、决策团队和决策实施者，这样才能使整个决策更好地运转和实现。一般来说，除了负责拍板的领导人外，决策组织是由决策团队（个人、组织、机构）和实施者组合而成的。换句话说，决策团队是实行决策行为的主要对象，通过一定的方式来创造一个方案，从大局上把握方向。而决策实施者，则需要按照一定的方式来安排和行使决策，是具体承担工作、完成计划的人，只有他们的贯彻落实，才能使决策从真正意义上释放价值能量。

若是只有决策团队，很容易出现"光说不做假把式"的情况，虽然能做出判断，但是缺乏实施的能力和人工；如果只有实施者，那很容易出现"光做不看笨把式"，根本不知道怎么做才是对的，只是如同无头苍蝇一样"瞎忙"，经常事倍功半。只有两者结合，才是一个完美的体系。

2. 决策需要合理的方式

能不能制定出优质决策，与决策方式有很大的关系。一个合理、科学的决策方式，往往都遵循一定的流程，比如在决策前进行充分的调研和准备，对大量相关数据进行处理，然后进行专业的分析规划和判断，最终做出一个较为正确的决策，这就是科学型的决策方式。

可以说，决策方式是决策者思维模式的一种体现，也是他们做事方法的映射，一个人有怎样的思维和做事风格，会直接决定他们的决策方式，最终影响事情的结果。比如，一个人的思维比较保守，不愿意承担太多风险，对于他而言，一个合理的决策方式就是"求稳"的，不打没有把握的仗，做十拿九稳的决策；还有的人习惯在风险中拼搏，这种人习惯的决策方式就比较激进，一样可以为人所不能、抓住别人错失的机遇。不同的方式，在不同的决策者手中都能发挥其合理性。

3. 好的决策要注意平衡各方需求

如何判断一个决策是不是成功？你不仅要看这个决策对决策者个人有没有好处，还要看这个决策有没有平衡各方利益，让参与者都得到了益处。决策就是一种博弈，只有制衡全局，才能算是真正的好决策。

有些团队和决策者做决策的时候，往往只看重自己的短期利益，因此不顾其他参与者，比如合作对象、社会大众等的想法与诉求，就仓促地做出了决策。这在长远来看是得不偿失的，为什么呢？首先，当你的决策只让自己获得了短期利益，却影响了别人时，你一定无法安心享受这些利益，会处于不愉快、忐忑的状态，对自身是毫无益处的；其次，一个"损人利己"的决策，会让你失去别人的信任和较好评价，不仅降低了你的信用值，也让你的名声被败坏，综合来看坏处大于好处。尤其是在商场上，为什么人们总是强调"信用"，就是因为"讲信用"的决策，利益是长远才会体现出的，短期也许看不到，但是长期来看都是相当重要的，会影响决策者的人生。

好的决策，是一种能在关键时刻带来转折点的决策，做好这个时刻的决策，能够实现自己的事业自由、生活自由、财富自由。人生最大的美事、最大的乐趣，也不过如此。

零钱宝，是苏宁官方为个人开发的一款互联网理财产品。在苏宁官方的决策人看来，在互联网金融时代，理应开发一款适合个人理财的产品。于是，苏宁官方的决策人与决策层研发了一个"零钱宝"产品，并果断与广发基金与汇添富基金积极合作，帮助个人用户实现了理财的效果。个人用户可将资金存放在零钱宝里，既可用于理财，也可用于网上购物，或是转账、还信用卡等，可以自由自在地安排自己的资金用途。同时，零钱宝还与各大银行的转账业务绑定在一起，方便个人用户转账。

赵春林老师

从短期来看，其实"零钱宝"对于苏宁的作用并不大，而且前期投入一定很多，可能还会出现赔钱的情况。但是为什么还是要做这个决策呢？很简单，因为要做大自己的公司，就不能仅仅从"赚钱"的角度出发去做决策，而是应该从"服务用户"的角度去出发做决策。

苏宁官方的决策人之所以开发"零钱宝"产品，一方面当然是为了扩大了自己业务领域，提升品牌影响力，另一方面也是看到了人们的需求，因为用户需要，所以才去做。

他们的决策不仅仅是为了自己赚钱，更是平衡用户的需求，试图迎来双赢的局面。事实也是如此，苏宁充分享受到了互联网金融下"零钱宝"带来的实惠，这是一种高明的决策，这个决策为苏宁官方带来了一笔无形财富，也为更好地成就企业的发展做出了突出贡献。

零钱宝是苏宁官方决策人做出的高明决策，既苏宁产品的业务发展，也为更多的个人用户带去了福音，是一种一举两得的好决策。有些时候决策就是要这样，不能仅仅只顾着自己有利，更要从平衡合作者需求的角度出发去考虑，这样才能大家一起享受到决策的好处。

这让我想到了锤子手机的创始人，罗永浩的一番话，大意是不能为了赚钱而去赚钱，而是要通过满足消费者的需求去赚钱。他的话和苏宁的决策内涵异曲同工：决策不能只想着自己，而要照顾到所有人，有时候更需要先照顾你的用户，一样能给自己带来好处。

一个有价值的决策，对决策者乃至决策背后的人员均产生深远影响。有价值的决策，对决策者更好地披荆斩棘，寻找更多的出路，有直接的促进作用，并对决策者或是决策团队开拓出一条宽广的生存之路有益处，能够较好展现决策本身所具有的价值。

决策，是对一件事情，或一个关键问题做决策。做决策，需要对获取的数据信息进行分析，并将其转换成具有竞争优势的决策方案，且能为自己带来最直接的收获。优秀的决策者，大多将注意力决策本身转移开，一起的行为都是关注决策结果的，这样做出的决策往往不离初心，不会因为一直着眼于眼前而忘记自己曾经的目标。

决策，体现的是决策者的智慧。不论何时何地做决策，都需要决策人兼顾多方面的利益，尤其是自身的利益与社会大众的利益，这两种利益是做出好决策的关键，也是决策者更好地实现自身的价值、团队的价值、社会价值的重要途径，对决策者日后的发展有良好的促进作用。

决策者去做决策，要敢于在刀刃上跳舞。总是着眼于小的细节，做一些不痛不痒的决策难以体现决策者的决策价值，是眼界不宽、缺乏魄力的表现，难以在日后有所发展。要做决策，就要有破釜沉舟、做大事业的勇气和信心，让每一个决策都关系到未来的大方向，才能解决当下难题，才能体现决策者决策的作用。不要怕迎难而上，这样的决策既能化解当下危机，也能为未来开拓财富之路，这才真正地体现了决策的价值。

好的决策，能为决策人的生活和事业打开一条出路，帮助决策人尽快走向正轨，更好地发展决策价值，更快地成就决策人的生活与事业。

常见的决策类型

决策成就美好未来！你的决策水平有多高，你的生活就有多美妙！我们前面说过，决策有不同的类型，性格、思维模式、做事习惯不同的人，习惯的决策类型是不一样的；面对不同的领域，比如企业事务或者是个人规划、家庭大事，决策类型也是不一样的。

比如在企业决策的过程中，我们需要理性分析，可能需要列出多个风险方案，经过商讨之后再谨慎地选择其中之一并贯彻落实，但是在家庭工作里，你能跟自己的亲人完全理性地讨论是非对错吗？你能列出几个方案，公事公办地判断利弊吗？

再比如，你可以通过对数据的分析得出一个趋势性的指导方案，通过顺应趋势去做接下来的工作，但如果你要做的是创新性工作，没有足够的的数据可以让你分析，你还能不能做出正确的决策呢？在脱离分析之后的判断能力，将决定你能否正确决策，甚至能否成为一个方向乃至于一个行业的开拓者。

所以，如果将一种决策方式当作"万金油"，显然会让你吃苦头的，不同情况下，要用到的决策类型也不一样。

所以做决策，首先要学会从众多决策类型中找到一种适合自己、适合当前情况的决策。选的决策类型，要与自身所需契合，使做出来决策更具实用性、可行性。

找到适合决策者的决策类型，能使决策者更自如地应付决策环节中各种各样的问题，使决策顺利地推行下去。

每一种决策类型，其分析问题、解决问题的方式方法都是不一样的。不论决策者使用哪一种决策类型，只要是适合自己的，为能人们带来福音的，均属于好的决策类型。而不同的决策类型，也会帮助决策者开拓不一样的生活与事业。

对于那些行走在决策战线上的人来说，应充分了解不同类型的决策，以便自身在决策的过程中，能够找到更多的出路，从而找出一种适合当前事件的决策类型，做出最合理的决策。

理财通是腾讯官方理财平台推出的一款互联网理财产品。为了使理财通发挥出应有的理财效果，有关部门的决策人收集了大量数据后，做了认真分析，最终做出了大胆决策：于 2014 年 1 月上线理财通。

为什么决定在这个时间段上线理财通？很简单，1 月正好是新一年的开始，资金回笼的时候，又即将迎来春节等节假日，不管是个人还是企业，手中的资金都是比较充裕的，在这时候上线理财通，能够募集到的资金就比较多。

这个决策就是根据对市场的数据分析，经过计算和审慎考虑得出的。由于决策高妙，当时便募集到超过 8 亿元的资金。2014 年 2 月 6 日，理财通的 7 日年化收益率数据达到 6.757%。

随后，作为理通通理财平台的腾讯见到理财市场需求旺盛，便冥思苦想地想了一个推广理财通产品的决策方案，即借助于 2014 年的春节，通过抢红包兼具中国传统民俗的营销形式，使更多的用户开通了微信支付功能，这对日后更好地使用理财通产品有直接的促进作用。在体验理财通的转入转出上，不向用户收取任何手续费。只是，在到账的时间上各大银行有一定差异，农行、工行、建行等 11 家银行，大多是 2 小时到账，其他的银行大多是 1 ~ 3 天内到账。

抓住了节日的机会，这个决策是前所未有的，没有什么数据可以参考，单纯凭借决策者对于人们生活习惯、用户心理的把握，以及试水的勇气和创新的信心。这个决策的制订，就跟上线理财通的时间决策有一定差别，前者是依靠数据分析得出的，后者更多地需要经验判断，两种分析判断法并不相同。

不得不说，作为理财通理财平台的腾讯是明智的。腾讯的相关决策者大胆地推出了理财通产品，一方面引导更多的用户体验理财通产品，另一方面提升了品牌影响力。

从腾讯推出的理财通产品来说，不得不说，腾讯决策人做决策的高明。一是腾讯通过对用户理财需求的挖掘，推出了一种适合用户理财的产品，做了这些还不够，腾讯决策人还在分析市场的需求后，使用抢红包的形式使更多的用户体验理财通产品，这一点，足以看出，腾讯决策人做出的决策是多么的高明了。

做决策，实际是决策者在了解了身边人的需求后，经过相应的分析法，找到最佳的决策类型而做出的一种适合自身乃至符合更多人价值的决策，这类决策往往会带给决策者实实在在的实惠，帮助决策者成就一番惊天动地的事业，这类决策方式，要因人而异，以此做出的决策才能发挥其自身价值。

在决策者决策的道路过程中，有很多种决策，哪一种决策更适合决策者本人，需要决策者进一步探索，甚至试验，如此这般，才能使决策者找出适合当下，甚至于适合未来的决策类型，才能帮助决策者自身，或团队，挖掘出最有价值的决策。

大多数情况下，决策类型以标准型决策、政策型决策、分析型决策、判断型决策、综合型决策最为常见。这些决策，往往是做成一件事情的关键之处。下面，我们来一一见证每一种决策的类型。

1. 标准型决策，助你找到决策方向

人们在决策的过程中，总会遇到各种各样的决策路线，在这些决策路线中，以标准型决策最为规范、最为省时省力。标准型决策，是对要做的决策设定一个最低标准，把符合标准决策的元素加进去，组成一个实用型的决策方案，帮助决策者决策。

也就是说，标准型决策就是最稳健的决策，给了你一个无功无过但风险一定最低的选择。标准型决策是有套路的，只要将标准决策的元素都集合在一起，就可以产生一个决策方案，可能比较保守循例，但也不会有什么风险。

2. 分析型决策，让你的决策更具实用性

决策者在做分析型决策时，需要分析所做的决策方案中，哪些方案行得通，哪些方案行不通。在做这类决策时，往往具有对错的分别，需要决策者谨慎对待，以做出最优质的决策。

分析型决策需要用到大量的信息，比如腾讯上线理财通的时间，就是通过分析之后得出的决策，这就需要对市场的理财投入量和时间之间进行数据整合，在有足够了解之后才能分析出来。

3. 政策型决策，让你的决策价值更高效

为了取得一定的决策成效，决策者在做决策时应依据自身的"工作宣传""公司政策"融入一些原则性的决策因素，使制定出的决策更符合自身制定的政策。也就是说，政策型决策未必从实际利益上有一定影响，但是跟规则密切相关，能让你的决策始终走正确的路子，不会破坏原则。

4. 判断型决策，助你有效疏理自身的逻辑

决策者在做决策时，往往会遇到多个决策选项，在这个紧要关头，需要决策者选出最佳的决策方案。在做这类决策时，需要决策者运用自己的逻辑思维对每一个选项决策进行判断，并选择出最佳的决策方案。

我认为，微信抢红包的这个决策，在最终阶段一定是少不了判断型决策的，只有正确判断市场是否能接受这个活动，才能做出正确决定。

5. 综合型决策，助你在千头万绪中综合出一个最佳决策

决策者在做决策的过程中，需要考虑许多的因素，把诸多因素融合在一起，便形成了几个备选的决策方案，然而，在这些备选决策方案中似乎很难找到最佳的一个方案，这时就需要决策者综合这些方案，制定出一个最佳的决策方案了。这种综合性的决策方案，大多带有一种独创

性，也是其他决策类型不具备的特点。

此外，由于决策类型是多种多样的，做出的方案也就有不同类型，可划分为独立方案、互斥方案、相关方案，这些方案是标准型决策、政策型决策、分析型决策、判断型决策、综合型决策的补充。其中，独立方案、互斥方案、相关方案在呈现的时候，各有不同，各有特点，他们的决策价值也是各有千秋的。

独立方案是各个方案之间没有产生相关性，而是一种独立的形式存在的决策方案；不论哪一种方案的形成与选取，都不会影响其他方案的价值特色，因为任何一种决策方案的形成与选取，都是由这个项目的自身格局所决定的。如果决策者的决策方案是由单一项目形成的方案，那么它会是独立方案中的一个特例。

互斥方案是决策者在不相容、互相排斥的多个方案之中，选择一个最具可行性的决策方案，使之为己所用。

相关方案是决策者在多个方案之中，或因资金问题，或因其他相关性问题，选择出来的相关性决策方案，这类方案具有一定的互补性、依存性、关联性等，能为决策者的决策带来最实际的价值。

与此同时，决策者在做决策时，应提升自身的决策能力。而提升自身决策能力的关键之处，需要了解不同的决策类型，通过开阔自身对决策类型的眼界，挖掘出最有价值的决策方案，以便做出最佳决策。当决策者自身的决策能力得到提升时，对日后更客观、更有效地做决策有直接的益处。因此，当决策者感觉自身的决策能力还达不到一定境界时，应充分完善自身的能力，以成就最优秀的自己，成就最优质的决策。

决策者的特质元素

优秀的决策者，他们的身上都带着一种特质元素。正是这种特质元素，赋予了他们特别的魅力。换句话说，他们能成功，能成为决策者和领导者，不是没有原因的。

决策者在做决策时，先会拟订几个备选方案，并对各个方案的全部信息进行分析，最终选出一个最优决策方案，这种方式的决策被人们称为理性决策。但是，在现实生活中，大多数的决策者由于各方面的影响因素，在制定最终决策方案时没有特别多的信息可以参考。在这种信息不完全的情况下做出决策，很容易导致结果不可控。这就是决策风险。

风险是不可能不存在的，即便现在的技术可以让我们收集到更多信息，将风险降低到前所未有的程度，但并非意味着就没有风险。在这一情况下还敢"快准狠"做出决策的优秀人士，就一定是具备魄力、判断力和自己独特的思维能力的。这样的人，拥有决策者的特质元素。

为什么一些成功的企业家还会去上 MBA 的课程？他们学的不是知识，其实是一种判断、分析、思考的能力，是学习决策特质。学到了，练会了，熟悉了，以后做决策的时候自然就会有"成功人士"的气质，就是这么简单。

决策者的人格、经历、情景等元素，也是构成决策者特质的一个方面，决策者的水平高低，直接与决策者的特质相联系，是影响决策者决策的直接指数。

那些有所成就的决策者，总能在关键时刻运用自身智慧，打造不一样的事业天地。尤其是在一些重要事情的危急关头，他们总能在急中生智中淋漓尽致地体现自己身上的决策特质，把危机之事转危为安，做出令人拍手称赞的决策。

那些优秀的决策者，做出的小型决策可能不太耀眼，也没有吸引众人的眼球。但是，一旦他们在特别的事件上做出左右时局的优秀决策时，其身上所具有的决策特质、决策元素，便会被众人所铭记。那些能做出关键决策之人，才是能干大事的人，才能在自己的生活天地乃至事业天地闯出一片属于自己的天空。

1928 年的一个夏天，因长期工作而劳累过度的美国银行家贾尼尼远离了竞争激烈的纽约华尔街，回到自己的家乡意大利米兰休息调养。然而，贾尼尼身处意大利米兰，心却早已飞去了美国纽约。贾尼尼热衷于商场，所以他一直密切地关注着纽约华尔街的各方面情况。有一天，贾尼尼被一条头版头条新闻惊呆了：贾尼尼的控股公司纽约意大利银行的股票暴跌 50%，加州意大利银行的股票亦出现 36% 的跌幅。

赵春林老师在联合国高峰论坛上演讲《关键在于落实》

贾尼尼看到这则新闻后，先是大吃一惊，而后果断采取救场对策，他急匆匆地赶回加州的旧金山，并在圣玛提欧的住宅中召开了十万火急的商业会议。他大声质问自己的儿子玛利欧："股价如此暴跌，一定有人在背后捣鬼，到底是谁？"律师吉姆·巴西加尔为了抑制事态的严重性，连忙帮玛利欧答道："股价暴跌是由摩根的纽约联邦储备银行引起的，他们认为意大利银行涉嫌垄断，逼我们卖掉银行51%的股份。"

随后，贾尼尼了解了玛利欧主张卖掉意大利银行部分资产的原委后，认为这个策略实属下策，不值得一用。会议室的人都沉默了，他们期待贾尼尼说出出奇制胜的决策方案。

但是，贾尼尼却说："我快进入花甲之年了，身体已难以支撑意大利银行总裁的职务，为此我要辞掉总裁职务。"这话刚说完，便令在场的所有人吃惊不已。正当大家不知如何是好的时候，贾尼尼激动地挥动着拳头说："我是不会让意大利银行倒下的！"听到这句话，大家的情绪平复了许多，他们知道贾尼尼的心里已经有了好对策。就在此刻，玛利欧灰心丧气地说："等您说服他们颁布新法令，避免被坐实垄断，意大利银行早就完了！"

贾尼尼看着没志气的儿子说："当然，我去游说是为了争取合法化，也是一条缓兵之计。我们不能眼睁睁看着意大利银行倒下，而且还要搭建起比意大利银行还大几倍的全国性巨型控股公司，发展民办类的最大商业银行。"

贾尼尼的这个决策方案，顿时震惊了在场的所有人，他们十分赞成这个优质方案。紧接着，玛利欧等人去德拉瓦注册了一家名为"泛美股份有限公司"的新公司，该公司的最大股东便是意大利银行。由于其股票被大量小股东握在手里，外人便无法怀疑它有垄断嫌疑。做了这件事情以后，他们又以"泛美股份有限公司"名义，把别人手里持有的暴跌的意大利银行股票低价买了进来。贾尼尼的这个决策方案，一举灭掉了摩根等人不良意图。最终，意大利银行没有倒下，相反，发展得越来越好。后来，意大利银行还相继吞并了美洲银行，还把各个分行改成了"美国商业银行"之名。

贾尼尼是一个高瞻远瞩的决策者，正是他在危急时刻的英明决策使他成了第一大商业银行——美国商业银行的总裁，并改写了美国金融的历史。在摩根银行逼迫的紧要关头，他既没有接受对方的要求卖掉股份，也没有坐以待毙，被坐实"垄断"，而是另辟蹊径，创立了一家新的股份公司收购意大利银行的股权，这样就避开"垄断"的指控，还扩大了规模。

人们总能从高明的决策者身上看到不一样的决策特质，总能于危机之中做出最佳决策，而做出的决策往往是惊天动地的壮举，为众人所折服。这类决策者，是能为自己的事业打造传奇的人物，也是不可多得的决策者。

决策者具备怎样的能力，便能做出怎样的决策。那些处于底层的决策者，需要向作风睿智的决策者看齐，多学习、多提升自己的能力，以做出最佳决策，成就不一样的自己。

一个决策者应该拥有怎样的特质呢？

1. 决策者要学会把握时机

把握时机，是做好决策的关键。聪明的决策者，在做决策时都会把握好最佳决策时机，他们知道什么时候该做什么样的决策，最终使做出的决策为自身服务。

2. 下放权力，让最合适的人做决策

决策者懂得把决策下放给下属，也是十分英明的一种做法。由于决策者把决策的权力下放给了最佳的决策人，做出来的决策更具价值意义。那些充满自信的决策者，会留给自己下属成长的机会，既成就了下属，也为自己分担了工作。

3. 决策者做决策，要能从容地应对不确定风险

决策者的决策能力，与自身能不能接受不确定风险有关，世界上没有百分百胜算的决策者，有时，总会遇到赌一把的情况。当决策者做出决策以后，在面临不确定的风险时，应该具有勇气和自信，既有承担风险的能力，又要学会机智应对，即便可能有损失也要有能力将其降到最低。只有这样敢于尝试，才能把握到别人不敢去抓住的机会，并最终到达正确决策的彼岸。

4.要有决策的勇气，也要有采取行动的勇气

决策者在做决策时，往往会面临各种各样的客观因素，但不管怎样，都应想尽一切办法规避不必要的风险，并勇敢地做出决策，采取相应的行动实施决策。谨记：在做出决策后，不可犹豫不决，那样会错失最佳的做事良机，从而影响事情的推进状态。

5.沉着应对每一次危机

在每个决策者的人生旅途中，都会遇到这样或那样的不确定性事件，很容易面临危机状况。越是面临危机，就越要稳住自己，因为危机面前你的决策能力将更重要，在此刻，决策者要认真分析危机背后潜藏的不利因素，并想出合理的办法应对，从而做出有利于事情发展的优质决策。

不管是个人决策者，还是企业决策者，都会不同程度地应对来自生活或工作层面的风波，当风波来临时，要不焦不躁地面对，注重收集信息、关注事件的动态发展，并通过一定的决策思维、决策方法来分析问题、解决问题。当决策者把决策方案背后的不良因素一一排除掉，优质的决策方案自然呈现在你的眼前，而你也就能运用最佳的决策方案来解决问题了。

决策流程打天下

做决策，有一个合理、科学的流程是必不可少的。

决策者在确定好决策类型以后，接下来就需要走决策流程了。但是，决策者如何知道自己的决策类型属于哪一种呢？决策者在进入决策环节前，不妨在内心问问自己，你要解决的核心问题是什么，要如何做才能有效解决核心问题，弄明白这些之后，再对自己所做的决策分类，就能找到这一类型的突破口了。决策者获得了决策的突破口后，再依据决策流程行使相关决策，过程会清晰、容易得多。

任何一个项目，在开展的过程中，均会面临决策问题，而拥有一个合理的决策流程，是优化决策的一个环节，更容易帮助决策者实现优质决策。简单来说，决策流程就像是一个模板，已经大体告诉了你一个合

理的决策应该先做什么、再做什么，当你已经知道了这个过程，再去照着一步一步来，是不是会觉得思维非常清晰呢？从这一点看，就比毫无头绪、东一榔头西一棒子去做要好得多。

举个简单的例子，如果你要做一个关于市场调查的决策，若是只告诉你一个"市场调查"的目标，毫无头绪，是不是觉得束手无策？但是如果有人告诉你，可以先针对目标群体进行线上调研，再通过某种模型分析调研结果，最后则是结合你的产品进行计划讨论，这个决策过程如此清晰，是不是立刻让你找到了可做之处，明白了要如何决策？

所以，决策流程是否清晰，能不能优化流程，对于之后的决策工作有着指导性的作用。

在搭建决策平台时，就应该重视流程的优化方法与优化体系。其中，流程描述、流程改进、流程评价，均是不可缺少的一部分。决策者把这些元素考虑进去，对更好地做出优质决策有实际意义。

决策流程，是做好决策的第一步。一个好的决策流程，能够帮助我们理清方向，在规范的流程中，找到最适合的决策点，并做出关键性的决策。

当然，你会发现决策流程虽然已经制定好了，在实践的过程中依然存在许多不确定性因素。即便是再完美的计划，也不可能保证毫无意外发生，所以决策流程只是一个模糊的、循例的指导方式，是一个大多数情况下的参考，在意外情况下还是要灵活应对才行。正是如此，增加了决策流程的优化难度。如果决策者善于从管理学的角度来看待决策问题，提出优化思路，对改进决策流程有很大的裨益。

决策者对决策流程进行优化，有利于实现某个业务目的。优化决策流程，可改善决策者的决策效率与决策质量，有利于决策者获得更多的收益。

不论做何种类型的决策，均少不了制定一个决策流程，这就像是给文章写目录一样，只有列出清晰的流程，决策的过程才能有序高效。而优化后的决策流程，重点应该要放在前期的准备、了解上。

良好的决策流程，需要决策者在有限的信息、有限的资源、有限的时间、有限的活动中找出最有价值的决策信息，这个过程会涉及人力、物力、财力、智力方面的资源，整个决策流程相对复杂，所以一定要决策者多加关注。决策者在行使某个决策流程时，要对自己所做的决策方向过程有到位了解，能够在不同的阶段拿出自己独特的观点，甚至是果断的决策方案。在这种情况下，决策者做出的决策才更能接近自己预计中的结果，而决策者做出的决策也就更有价值。

简而言之，决策者在决策的流程中，要在前期的了解、调研上多下功夫，只有深入了解了你要决策的内容，才能在后来迅速、高效做出正确决定。为什么说做决策不等同于判断和选择？就是因为判断和选择虽然是直接关系到未来的一步，但是真正重要的、决策流程中真正核心的，是判断选择前期的准备活动。没有厚积不能薄发，一个选择不是轻松做出的，必然要经过前期的长久准备。

日本人在制定决策时总是秉承着"不紧不慢"的作风，却以雷厉风行的决策速度实行决策，这就是决策流程合理安排的表现——他们将大量的精力都放在了前期的准备中，在充分思考之后才会做决定；做出决定，就十分果断坚决，不会拖泥带水。

日本人做决策时的"不紧不慢"，有人认为是优柔寡断的表现，有人认为是玩弄权术的表现，也有人认为是对待事情求真务实的精神。不管外界如何评价，日本人做出来的决策取得了成功，这是谁也不能否认的。

日本人做决策时的"不紧不慢"，表现在他们每次做决策都需要一个很长的周期。如果是美国人做决策，他们会一门心思奔着结果去，所以做出的任何决策与选择，都是为了得到一个既定的结果。比如如果他们去谈判，就一定会单刀直入，直接开始讨论谈判方案、有关的计划以及双方可以接受的条款条件，非常干脆。

相比之下，日本人就有点"磨磨唧唧"，有些人甚至还觉得他们过于注重细节了。要是他们选择去谈判，先看的不会是方案的具体内容和有关计划，而是先问："有几种方案可以选择，为什么我们有这几种方案？"有些人就觉得这些细节都没什么必要，只要讨论一个选定的方案不就行了吗？但是他们就是要追根溯源，"打破砂锅问到底"。

之所以如此，就是因为他们在做决策的过程中，不仅仅看到决策的对象本身，还要充分了解决策对象的背景，比如要跟别人合作，那么他们看到的不仅仅是合作的内容与条件，还得了解一下合作方的经历、经营状况甚至他们为什么需要合作。这样漫长的准备工作，很多时候显得没有那么必要，但却帮助日本人在决策之前更深入地了解状况，让他们获得了更多信息，也避免了不必要的风险。

日本企业家在做一项决策时，会走决策流程，而第一步往往就是讨论"要不要做这个决策"。他们能够广泛听取各方意见，包括自己下属的意见，在各方人员的反复讨论后得出一个统一的决策。在做出决策之前，他们经常不会揭示答案是什么，也不强迫他人表态，使讨论不受任何干扰，直到讨论出一致的答案为止。这样的决策方式，充分地实践了决策中过程中要走的每一个流程，并且不会有损于决策环节中的完整性，做出的决策自然是高明的决策了。

决策者做决策时走流程，是比较常见的一种决策行为。然而，不同的决策对象在做决策时，使用的决策流程是不同的，有的倾向决策结果，有的倾向于决策过程，但不论走哪一种流程，都有一个共同的特点——一定要是深思熟虑之后的决策，所以决策准备工作相当重要。通往决策流程的道路有千万条，只要流程规范，过程合理，做出的决策有价值，那么其他的一切问题就好解决了。

决策流程大体可以这样划分：

1. 准备工作不可忽视

决策者在做决策的过程中，做好决策的准备工作显得十分重要。"不打无准备之仗，不打无把握之仗"精准地诠释了这个道理。当决策者的准备工作做得足够充分，每个环节都无可挑剔，做出来的决策也就更能接近决策结果了。

2. 确定框架，帮决策者梳理思路

决策者在进行决策前，收集信息、分析问题，是确定框架的必要条件。在设定的框架里，要把数据信息的各项参数标示出来，为初步构建备选项提供依据。

赵春林的决策学博士后导师张顺江教授

3. 收集情报，使做出的决策更精准

收集情报时，应着力收集已经确定的信息、已发生的事实，并且多准备几个备选项。情报信息之所以可以参考，就是因为它的"确定性"，所以千万不要掺入一些不确定的、预估的内容进入，这会影响最终的分析判断。

对不确定的选项，我们可以通过已有的信息进行评估，以便对不确定情况做出最佳决策。对已知的情报进行决策时，应避免信息的片面性，只有多方面、多角度的收集信息，才能保证分析的全面性，才能做出最佳决策。

4. 优化流程，提升决策者的决策质量

决策者对一个项目进行决策时，由于受到决策条件、决策环境的影响，不得不及时调整决策方案，而优质的决策流程便能恰到好处地发挥其作用，既有利于高效决策，也对完成一个优质决策方案有直接的促进作用。摒弃决策流程中与不重要、没有影响的步骤，将更多的精力与时间放在重要步骤上，可以让你的决策更科学。

5. 勇于判断和做结论，是实现决策的有效途径

决策者在确立了良好的决策框架、情报收集工作后，就需要对决策下结论了。在下结论的过程中，要参考充分的数据，也要使用系统的方法，使做出的决策更高效。更重要的是，你应该勇于对分析的结果进行判断，准确做出决断，这样才能指导接下来的决策工作。如果只是学会了分析，但对信息没有总结能力和判断能力，只能说你缺乏成为决策者的特质，不是个领导者应该有的样子。要实现决策，最后一步的判断和结论是必不可少的。

6. 做决策时，要善于从过去的结果中汲取决策经验

做决策并不是一件轻松的事情，一个人的能力高低能在这上面清楚体现。一般来说，决策者的决策能力，一方面需要依托一定的信息数据，另一方面还需要具备一定的决策技巧，至于决策技巧的形成，大多是从过去的结果中汲取的决策经验，以往经验可以帮助决策者分析问题、反思问题，进而找到最佳的决策路径，以实现成功决策。

综合起来，决策者在做决策时，如果能善于在规范的决策流程下做

决策，则能把复杂问题变得精简化、直接化，有利于避免不必要的低级错误，实现有效决策。

当决策者确定了一件事情的大方向后，需要先进行梳理，以决策流程为导向，构建出一个规范的决策流程图，使决策的方向更明朗。同时，决策者在做决策时，在走完决策流程后没有其他问题的情况下，要适时地抓住决策机会，把握好最佳的决策时机，使整个决策更具价值和意义。

第 2 章

决策思维
为你指点迷津

找到决策思维的杀手锏

21 世纪是信息爆炸的时代，面对着这个变化莫测的世界，人们每天都要做出许多的决策，这些决策或大或小，但都与人们的生活息息相关。人们的任何决策，其实从本质上来说都是人们复杂的思维过程。所以，在面临决策时，人们应当知晓决策思维的重要性，也应该寻到决策思维的关键点是什么。

可以说，你拥有怎样的思维，就拥有怎样的做事方式，如果你的决策思维不合理、不科学，那么你就会发现自己总是停留在错误决策上，这就是思维的局限。思维与眼界、格局、习惯和经验都息息相关，也受到一个人的性格影响，所以不同的人对同样的问题，思考方式是不一样的，做出的决策也不一样。

举个例子，我曾经也热衷于炒股，我认为炒股的每一次买入卖出，其实都是在锻炼决策思维。当时根据一些市场信息，我发现一只股票在未来几天上涨的概率比较大，可以说在 70％ 左右，但是也有 30％ 的概率会一直下跌，而且下跌的幅度还不小。得到了这些信息之后，我的决策重点就来了——

到底要不要买这只股票呢？

　　和我有相同想法的人不少，他们有的是机会主义者，能承担风险，有勇气，特别乐于尝试，所以说干就干；还有的比较谨慎，要先看到有上涨趋势了，再去追加；像我这样的人，大概是决策者中过于保守的，所以我思考之后，并没有追高。

　　后来我发现，我的这种脾气更适合稳健投资，因为我的决策思维就是以"规避风险"为主的，所以转而去投资基金或者房产等，不再玩股票这种高风险的投资。我和其他的股民，在决策流程上的经历都是差不多的，看到的信息、做出的分析结果也一样，但是因为决策思维不同，所以最终对选择就南辕北辙。

　　由此可见，决策思维影响你的决策结果。任何决策，都需要决策者运用一定的决策思维，寻求决策出路，最终找出最佳的决策方案，使决策者的决策更具可行性。

　　好的决策思维应该有前瞻性，能够"走一步看十步"，除了前瞻性之外，它还具有辩证性和实践性。决策思维首先是对尚未付诸实践的若干个可能实践目标和方案进行比较、选择和确定的一种思维活动，对未来的实践有指导性；其次，决策思维对当前进行的工作也有影响，思维

赵春林老师考察宁夏平罗太沙工业园

不同，你看待当前状况的想法也是不一样的；最后，方案一旦付诸实践，也需要决策思维参与，决策者要根据实践中反馈回来的信息，进行方案甚至目标的修正与调整。

由此可见，一个好的决策，始终需要决策思维参与，因为决策思维能够指导决策者去思考，思考决策结果的好坏，思考自己的决策行为是否合理，思考当前的情况有没有达成之前的规划目标，以便最终做出最优质的决策。

由此可见，决策思维存在于每时每刻，无论是对于团体还是个人的发展都有着较为深远的影响。

2015年1月2日，黑龙江某市消防部接到了某仓库发生火灾的消息，火灾已燃烧了20多个小时。

消防警察得到大型火灾的情报后，消防队的决策者立即制定了两个出警方案：一是扑灭火灾的效率高，用时较短，但会对消防人员的生命产生威胁；二是扑灭火灾的效率不是太高，用时较长，却对参与救火的消防人员生命没有太大的威胁。这两个方案的利弊已十分明了，但是，要怎样确定目标、做出合理的方案等，均取决于消防决策者的决策思维。

就在此刻，消防决策者制定出了尽快扑灭大火的决策方案。说明在他们的决策思维中，保障大火快速扑灭，防止蔓延之后造成更大危害的想法占据了上风，为此他们也不得不牺牲一些安全性。随后，参与救火的消防员赶到楼内实施灭火，不曾想，这个灭火行动造成11层高的建筑倒下，5名消防人员献身火海。

你可能会认为，这个决策是完全错误的，正因为让消防人员冒着这么大的风险前去救火，才会造成这样大的危害。

但你还应该想一下，如果当时没有做出这个决定，是不是火将继续燃烧？这栋大楼如果会在灭火过程中倒下，就算不灭火也一定会倒塌，若是那时候火势还是很猛烈，很容易就蔓延到周围造成更大火灾，不仅消防灭火的压力变大、更不容易处理，而且也容易造成更大伤亡。

如果从这个角度出发去考虑，就能理解当时的决策者做出这一决定的行为了。我们不去谈这一次救火的决策是否正确，但可以看出，在这个行动的背后，影射出了消防决策者的救火思维，他们在决策的过程中做了"加减法"，平衡之后将尽快灭火放到了第一位，也就将消防人员的人身安全放到了第二位，最终在这个思维下做出了消防灭火决策。

我们暂且不去讨论消防决策人做出的决策合不合理的问题，而要讨论决策背后隐藏的思维模式，这是做出合理决策的关键，也是指导决策思维打开突破口的紧要之处。这一点，是每一个决策者都应该认真考虑、认真思索的决策问题。

决策者做决策，应该运用决策思维充分思考每一个决策环节，使决策的合理性、有效性均能保证，并构建一个可行的决策方案，以便做出的决策利益最大化、损失最小化，从而达到最佳的决策结果。

不同的决策者，在做决策的过程中的习惯思维和决策方式是不一样的。具体来说，理性决策者，重在运用决策思维分析问题；而感性决策者，不太注重决策思维的反复验证，他们更注重自身的经验与直觉。正是决策的方法不同，做出来的决策结果也是不同的。不论是哪种类型的决策者，也不管运用哪一种方式做决策，做出的决策结果都要符合事实依据，否则就是异想天开的决定，压根不是合理的决策。

通常情况下，一个高质量的决策思维做出的决策结果，是理性与感性的统一。当然，不关你是怎样的人，在做决策的时候都应该注意具备逻辑和原则，一个无原则的人很容易做出过分的行为，一个缺乏逻辑的人，做到决策也未必有可行性，在这个基础上，再去谈决策思维。

1.决策思维应该客观

过于主观的思考方式，会让人失去理智，无法中肯地去判断一个问题，也就不容易做出正确决定。所以，我们应该冷静思考、客观评判，从实际去判断一个事物的对错或者价值，不要脱离实际，更不能仅仅依凭自己的想法和感情，那样很容易让你发泄了情绪却最终吃亏。

2.决策思维应该注重信息

信息化的时代，如果你的思维模式还没有重视起"信息"，说明已经落后了。

除非是非常具备开拓创新性的决策，你可以说一句"一点可以参考的信息都没有"，否则你就一定要在决策时多思考一下已有的信息，才能够在现有的信息中获得指导。很多时候，决策其实就是在获取信息、处理信息，最终得出信息。

举个例子，如果你是企业领导，你的决策思维一定是围绕着信息来转的：分析市场需求需要用到信息，判断产品是否受欢迎需要利用顾客反馈信息，从用户的调查信息中窥看顾客的消费心理，用产品数据来验证它的使用价值……总而言之，少不了信息，只有囊括了信息在内的思考，才是科学决策的基础。

3. 考虑经济性，是决策思维的要点

我说，不想挣钱的商人不是好商人，一个决策思维，一定要考虑到经济价值。当然，经济价值并非只是单纯的"赚钱"，而是指你的思维应该关注到成本和产出，一定要清楚地分析并了解这一决策需要花费的成本，也知道能够获得多少收益，在都考虑过之后再去做决策。

有的人经常一时冲动就进行感情投资，但是一想，不对劲，这个投资完全是亏本的。这就是决策思维里缺乏经济性，没了解到成本和收益之间不平衡的问题。合理的决策，那就是用最小的投入获得最大的产出，只要没达成这个目标，基本都是不成功的。

4. 决策思维要系统

一个人如果思考问题不系统，很容易出现逻辑混乱的情况。什么叫系统性的思维呢？

我们可以用一个生活例子来简单说明一下，如果你是一个会做规划的人，可能会将未来一周的事都规划好，知道每天应该做什么，而一周之后，每天的工作结合起来就能让你完成一个大项目，这种统筹规划的能力就比较系统。

还有的人看问题不系统，一个大项目给了他，他永远着眼于部分，眼前的事情倒是都能做好，但是从整体角度看，就毫无规律、没有逻辑，可能这会做了第一个阶段的工作，然后又去做最后一个阶段的工作，这就是没有系统观念。最终，这些工作一定会变得很杂乱，不容易梳理，也不一定能让你得出结论。

所以，思维模式一定得有系统性，

5. 会预测，决策思维要有前瞻性

想从决策中受益，往往需要做出别人不敢做的决策，看到别人看不到的地方，所以有预测能力和前瞻性，是决策思维重要的一面。

就像下棋一样，好的棋手往往是走一步看十步的，能够预测到自己和对手的棋路，一个好的决策者也是如此。在他们的思维里，一切事物的发生不是不可预料的，都可以通过详细的了解、分析来把控未来的大方向。

拥有前瞻性的预测思维，就是通过对现有的信息进行客观分析，以科学的手段来推测将来可能出现的情况，并且选择最可能发生的一种。一个人在决策过程中有没有预测思维，将表现在他能不能预判，预判的结果对不对上，如果不具备这一思维，会经常做出失误的判断。

6. 会选择，决策思维要有选择性

会选择，你的决策才能真正实现。在决策过程中，我们可以设定一个目标，也可以通过制定各种方案的模式来实现这个目标，而这个过程一定需要选择。你要选择什么方案是最有效的，你要选择一部分并且舍弃另一部分，选择在决策过程中无时无刻不存在。所以，一个没有选择思维，在选择关头不理性、不思考、不干脆的人，做出的决策往往也没有什么效果。

如果你的思维缺乏选择性，很容易在优柔寡断之中浪费时间，或者因为不懂选择，所以随便挑选了某个方案去实施，导致事倍功半，无法达到好的效果。因此，在做决策的过程中，要始终有"慎重选择"的想法，这也是思维中重要的一部分。

总之，只有当人们把握好了高质量的决策思维时，才能使决策尽可能地科学，而且运用的决策思维做出的决策方案才会尽可能地体现其完美。

让问题开启好运

管理大师明茨伯格说过这样一番话——

"管理者有的时候更像是杂要表演者，管理者们提出的各种问题就是表演者抛出的球，这些球总会落下来，然后再次被抛上空中，而这个

过程里，也会有新的球加入进来，有旧的球被抛到一边。管理也是如此，不断有新的问题出现，也有旧的问题被解决或者排除掉。"

可以这么说，决策的过程也是解决问题的过程。我们之所以会做决策，主要是因为我们想要找出一个好的方法去应对现实的问题，需要从问题中闯出一条出路，做出对我们比较有利的选择。而这个过程中，我们不断提出新的问题，解决掉旧的问题，从问题当中"去伪存真"，找到真正影响结果的那些重要问题，筛选掉不必要的小细节。这就是决策的过程。

所以，做决策不要怕有问题，越是有了问题，就意味着你有了创新、前进的突破口。

出现问题并不可怕，只要我们能够正确地面对问题、阐释问题，或许就可以把问题转化为机遇，并从中得到益处。就如同爱因斯坦说得那样："机遇往往隐藏在困难中。"不管当下的局面看起来有多糟糕，只要我们静心思考，懂得从另一个角度看问题，就能够从问题中发现机遇。

加藤信三原本是日本狮王牙刷公司市场部的一名普通员工。

有一段时间，狮王牙刷这个品牌一直打不开市场，根本就没有销路。作为直接负责市场这一块的加藤信三，心中自然焦急万分。

有一天早上，加藤信三在使用狮王牙刷刷牙时发现了一个问题：牙龈被刷出血来了。接连刷了几天都有这个问题，这说明他们的牙刷质量有问题。加藤信三有些生气：每次技术部都把责任推给市场部，这下看看技术部怎么回应。

不过当他冷静下来后，想要去找技术部算账的心情消失了。他知道：技术部肯定也发现了这个问题，只是还没有找到好的解决方法而已。与其相互争吵，不如一起想想如何把这个问题解决。

从这之后，加藤信三开始和几个同事一起，研究牙龈出血的问题。他们提出过很多种方案，包括改变牙刷的形状、排列方式、质地等，不过这些方法一一试用过，也一一失败了。直到有一次，加藤信三把这款牙刷放到显微镜下观察才发现，牙刷毛的顶部看起来非常尖锐，就如同一个个微型牙签一样，自然会导致刷牙时伤害到牙龈。

这是机器切割导致的结果，而以前人们并没有发现这个问题。问题根源找到了，办法也就出来了。加藤信三向公司建议：把牙刷毛的顶端变成圆形。改进后的狮王牙刷很快打开了销路，在市场上占有一席之地。

而这一次的"发现问题之旅"也给了加藤信三升职的机会，从一名普通职员晋升为课长。十几年后，他成了这一家公司的董事长。

在这个故事中，"牙龈出血"成为发现问题的一个契机。实际上，每一个决策问题都会有一个契机，我常常将其称为"痛点"，为什么这么说呢？因为出现问题的时候，往往就是我们感到不舒服、不满意的时候，这就是一个让我们"痛"的点。加藤信三被牙刷刷出了血，这就是一个让他"痛"的地方。

问题的痛点呈现形式有很多：你买了一套新房，但不知道装修成什么样的风格；你的朋友让你帮忙挑一款比较耐用的电器；你有一个患有糖尿病的朋友，也使你意识到了健康问题等。

决策过程中，问题的出现并不受我们个人的控制，不管你喜不喜欢，它该来的时候总要来。但如果想要很好地解决这个问题，就不能采取消极应对的方式，而要主动出击，积极行动。你要相信，问题的出现并不是你的绊脚石，而是助你变成更加强大、锋利的磨刀石。

"方法总比问题多"，成功者与失败者的最大区别就是，成功者善于从问题中寻找机会，失败者总是让机会变成问题。当我们遇到决策问题时，要想把问题变成我们的机遇，可以从以下几个方面入手：

1. 调整面对问题时的态度

在遇到问题时，与其厌恶、反感，不如把它当成自己的一个训练，一个挑战，一个提升自身能力的机会。

面对困难，无所畏惧。勇敢面对决策问题，或许没办法一时改变什么；但是如果不敢面对决策问题，那将一辈子都无法改变什么。在决策问题面前，我们一定要有勇气，要无所畏惧，要相信没有战胜不了的困难，没有想不出解决办法的问题。只要我们抱着这个信念，把埋怨和不甘都化作寻找方法的动力，那么最后的结果一定会带给我们惊喜。

2. 接受问题的挑战

别担心问题的出现，问题是很常见的。敢于接受挑战的人，往往也是能够得到好运的人。不害怕未知的东西，不担心最后的失败，等到最后你再回头看时，就能够看出自己的成长。如果你不敢挑战，不愿意尝试，那么你的人生将很难发生惊人的改变。

3. 主动寻找问题的"痛点"

为什么会有问题？就是因为有一个地方让我们不舒服了，让一件事无法顺利实施了，所以要解决问题，就一定要抓住问题最重要的部分，那就是痛点。

让你感到愤怒的、有负面情绪的点，就是痛点。举个例子，如果你要做产品决策，当用户买了你的产品之后，发现在使用过程中有许多令自己不适的地方，就往往会产生负面情绪。比如，购买了一个皮夹，发现百元大钞无法平整地放入其中，一些用户就会产生不满，这就是用户的痛点。而负面情绪往往就是产品日后要改进发展的方向，如果能将用户的痛点解决，相当于发泄他们的愤怒，就会让用户产生必须购买的想法。所以，产品决策要发现痛点，然后主动改进，这样你的产品才能越来越好，最终达到你的决策目的。同样，其他决策也是如此。

4. 在问题面前积极思考，主动行动

有些人在问题面前一贯采用消极对待的方式，不愿意正面困难，这样就会给结果带来很大的不利影响。要知道，一个人能否采用积极的态度面对困难，将会直接影响到最终的结果。积极思考带来的是积极人生，消极思考带来的是消极人生。

任何事物都有两面性，问题也是。只要我们朝着好的一面努力，问题就能够转化为正向机遇。

5. 在问题面前，转变自己的思维方式

先来看一个小例子：同一款产品，在 A 看来，产品虽然用户比较多，但是产品的质量还不是很好，所以并不值得投资；可在 B 看来，产品的质量虽然做得不够好，但用户却有很多，是一款值得投资的产品。

在一般人的思维中，A 的想法是对的，既然产品质量不够好，那就不值得投资。可在小部分的人看来，B 的思维要更超前，在用户基数很

大的前提下，虽然产品的质量不是很好，但代表着这款产品是有市场的，所以未来很有可能可以继续扩大规模。

由此来看，看问题的角度不同，选择也会变得天差地别。如果你的决策遇到了问题，不要总是从一个角度去解读，我们要用辩证的思维方式，这样才能保障决策的全面性。

6. 重视问题，能够帮助我们少犯错误

解决问题还不是最终的目的，还要懂得从问题中汲取教训，防止再犯类似的错误。比如，你可以建立一个错误记事本，每隔一段时间就拿出来看看自己之前犯错的地方，这样就能够帮助你在未来的道路上成功避开这些问题，减少不必要的麻烦。此外，很多问题里面其实也暗含着你未来的方向，多思考问题的实质。比如，经常思考一下你的职业发展问题，给职业做一个长久的规划，及时改进方向，有利于职业生涯的进一步发展。

由此可见，正确看待决策问题，善于从问题中找到机遇，展现个人的价值，是一个高明决策者的必备技能。这个世界上之所以有人成功了，有人失败了，并不是因为成功者没有遇到过问题，而是在遇到问题时，他们会永远走在寻找解决方法的路上，而失败者却只是把问题当成自己失败的借口。

让有意义的选项发光

不管做什么事情，我们都应该明白"轻重缓急"，做决策也是如此。一个好的决策，不可能每一部分都是重点，一定要让烘托最有意义的部分，去抓住最吸引人眼球的项目，而不是"雨露均沾"。记住，一定不要舍本逐末，而是要让有意义的选项"发光"，你的决策才有效。

决策者在实行某一项决策时，要去选取一项有特殊意义的、较为重要的元素，投入更多的精力去经营，这样才能让整个决策更具价值。决策者在做决策的过程中，要运用自身的决策思维让有意义的选项发光，使那些发光选项更好地为决策服务。

这告诉我们，决策不仅仅是做加法，也是在做减法。学会取舍，能够选择最好的、最重要的点作为中心内容，才是一项成功决策最需要具

赵春林老师拜访于光远教授

备的特点。

当你做决策的时候，很容易面临这一情况——依据一定的数据信息，最终可以得出两个或是多个结果或方案，每一个都符合你的要求。在这种情况下，难道真的可以每一种都用吗？显然那不能，你要从众多的选项中挑选出一个最有价值的，这就是让有意义的选项发光。取舍思维，在决策过程中是必须重视的。

决策者大多要运用一定的决策思维，对所做的决策进行价值判断、价值取舍，在这个基础上做出来的决策，将是更加精简的。所以，决策思维中运用到的取舍思维，直接体现决策者的方案水平。注重决策思维的运用，对找出更优质的决策方案有很大益处，也更能体现决策者的决策水平。

如何选择一个"发光"的内容呢？决策者在选择时，应注重最佳选项的可行性、实用性，寻找"发光"的内容，不可把时间浪费在琐碎的、没有意义的决策点上，一是耗费决策者的精力，二是会在一定程度上干扰决策者做决策。所以，决策者把精力放在有意义的选项上，能使决策的价值更大化，反之，则不然。

决策是人们做事的第一道关口。不论是个人做事，还是企业做事，都需要通过一定的途径找到适合自己或企业向前发展的决策，这类决策直接关系着个人或企业的生死存亡，因此不得不认真对待，尤其是制定的决策中一定要有能"发光"，能抓人眼球的东西，使整个决策更具价值意义。

说简单点，如果你要做一个决策，要强过别人或者吸引他人的关注，做到每一项都比别人强，基本上是不可能的。在这种情况下，与其将所有的精力平均分散开，让你的决策在每一个方面都不过不失，不如全神贯注打造一个优势项目出来，至少能保证你的决策在某一项上傲视群雄，那就一定会吸引有这种需求的人。

决策者要想选出最具发光性质的决策选项，要求决策者的知识广博、经验丰富，对事物有极强分析能力、判断力、敏锐力。当决策人具备这方面的能力时，便能很快地从众多选项中找出最具意义的发光选项，从而为己所用。

在中国，互联网发展历史虽然短暂，但是却十分迅速，互联网第三方信用评分系统如今不仅发展较为成熟，而且广泛地运用在生活的各个方面。其中发展比较早也比较典型的互联网信用评分系统，莫过于蚂蚁金服旗下的"芝麻信用"。当芝麻信用摆脱了一开始不受人信任的窘境之后，现在已经应用于许多交易上，甚至线下的交易也可以根据蚂蚁信用来考察买卖双方的诚信度。

这一评分由阿里巴巴旗下的蚂蚁金服创建。支付宝是中国最受欢迎的第三方支付软件，拥有超过 3.5 亿用户。蚂蚁金服声称，芝麻信用评估一个人的购买和消费习惯，以得出一个数据，显示出一个人的信誉。通过数值基准，信用度高的人可以获得一定的津贴，比如小额贷款或存款准备金。芝麻信用是中国第一个将线上和线下数据结合在一起来产生信用评分的系统。

蚂蚁金服对于创建线上信用评分系统的决策，就是找到了这一项目的发光点——便捷。让线上的服务于信用评分结合在一起，是不是足够便捷了？在过去，人们需要信用评价的时候，多半是银行贷款等大宗金融交易时，而评价信用要利用的信息也很复杂，小到银行流水，大到不动产证明……最简单的也需要你填写一个长长的表格，再通过专业评估来决定你的信用。

而蚂蚁金服创建的这个系统，简单到了极致，非常便捷，这就是一个发光点。当芝麻信用累积了积分，可以用在线下的许多地方。比如在预订酒店房间时，有 12 个积分就可以给用户带来 100 元的奖金。再多 62 点积分，用户就可以租一辆车，而不用付定金，或者还可以申请贷款，但额度不确定，利率也不确定。如果积分到达一个较高的程度，甚至可以拿到去某些国家的签证。

但是有了发光点，也意味着这个决策做出了取舍，便捷性需要权威性的妥协，方便、简单的信用评价系统背后，负面结果则是这个评价不太准确、不具有权威性。你可以用芝麻信用的评分去进行生活小交易，但不可能在买房的时候用到它，这就是一种妥协和取舍。

但是这一策略显然是有用的，至少这个决策过后，芝麻信用现在已经成为最大的线上第三方信用评价系统。如果不妥协，只不过是将信用评价从银行搬到了网络上，麻烦还是一样的麻烦，根本不可能进入人们的生活。所以，正是因为选择对了"发光"点，才让这个决策爆发出潜力，让这个产品获得了成功。

决策人做决策，需要明确决策方向，从决策方向中找到决策人应当担负的使命。你要知道，决策人做的决策因什么而立足？未来要实现怎样的决策战略？所做的决策应具备怎样的价值取向？具备这些决策要素，做出来的决策更有价值意义，更能使所做的决策选项发光，甚至更耀眼。

所以，要让决策"发光"，你需要做的事情还有很多。

1. 要明白你的决策围绕着什么中心

要找到决策的"发光点"，其实就是找到决策的中心，并且发掘出中心最有价值、最有特色的地方。举个例子，如果你想做一个电池的产品决策，那么电池的性能提升应该是决策的"发光点"，一个好性能的电池，哪怕只是在某些地方的性能有了提升，也值得大书特书。但是这时候，如果你找错了重点，忘记了电池的中心产品是"易用"，而是大加宣传电池的外貌多么美丽、颜色多么丰富，就算是本末倒置了。

要知道，电池一般都是放到机器内部的，谁会在意这玩意好不好看？所以，这就是没找到你的决策中心，所以整个"发光点"都跑偏了。

2. 决策的"发光点"要找到痛点

找到了你的决策中心，下一步应该做的就是找到中心的"痛点"。当年九阳豆浆机做出来的铁釜电饭煲，产品中心就是围绕着"铁锅蒸饭好吃"来的，这就是解决了人们的痛点。也是为此，他们的产品决策才开始改变，抛弃了不锈钢内胆轻便的好处，选择了笨重的铁胆电饭煲。

这个产品决策在很多人眼中都是错误的——一个电饭煲，内胆好几斤重，这不是给用户找麻烦吗？然而并非如此，九阳的电饭煲不仅一炮而红，而且在微博上还搞起了营销，大家纷纷晒出自己电饭煲的重量，反而觉得越重越好。为什么，就因为九阳的产品决策找到了"发光点"。

没错，这个产品笨重、太沉，有种种缺点，但是你不要忘了，电饭煲的产品中心，应该是围绕着"蒸饭好不好吃"来的，所以只要围绕这个中心找到的"痛点",都是符合用户需求的。在这一情况下,找到痛点就给九阳的电饭煲决策杀出一条生路来。

所以,找到决策中心点,还不行,你还得挖掘出你的决策特别好的一方面,这就是决策的"发光点"。大家都说自己的电饭煲蒸饭好吃,九阳怎么办?那我们干脆弄个特殊内胆,就算你不觉得好吃,也会因为这个噱头产生心理暗示,这就是抓住了亮点。

3. 要找到决策的发光点,你得有敏锐度

提升自己思维的敏锐性、深刻性,使决策人做出合理决策。决策人在做决策的过程中,会受到各种各样的因素影响,有来自信息数据方面的,有来自分析判断层面的,也有来自自身能力方面的,规避这些方面的"无效信息",找到真正有效的,就需要决策者本人具备敏锐性。

你要是不够敏锐,很容易错失关键时机。要知道,做决策有时候是有时限的,机会错过了就不会再来,你必须把握好时间去做决策,才能恰到好处地得到回馈。所以,敏锐度必须要有,快速筛选信息、快速排除干扰信息,才能让你跟上时机做出正确决策。不然,别人可能会先你一步,到时候你就只能跟在人家后面走了。

4. 善于运用不同类型的决策思维,提升决策人的决策质量

决策人在对某件事或某个项目进行决策时,需要借助于不同类型的决策思维活动开展决策,其中,最常见的是抽象思维、形象思维、分析思维、归纳思维、演绎思维、联想思维等,这些决策思维对决策项目能起到最基本的补充或制约,使决策人的思维活动更丰富、更复杂,做出的决策也更合理。

重视感性思维、抽象思维、具体思维的运用,为决策人的决策锦上添花。决策人对某件事情做决策时,是从感性思维开始,逐步过渡到抽象思维,再到具体思维,从而呈现出一个具象的决策活动,使决策人做的决策更系统、更形象,对决策人决定一件事有着最直接的指导意义。

5. 寻找一个行业内的"重点项目"去做决策

决策人做决策,应重点考虑决策项目在行业中所处的地位,并进行客观分析,找出关键的决策点,以便决策人做出的决策更具优势,且能在行业中占据不可或缺的地位,跻身于这样的行业领域中竞争中,便能

胸有成竹地稳操胜券了。

简而言之，如果你抓住了行业的龙头、焦点，抓住了现阶段人们最关注的风口，不管做什么决策都能跟着吃肉喝汤；但是如果你总是在冷门的区域徘徊，或者专心致志去做一些无人关注的决策，就算你的决策特别科学、特别一针见血、特别吸引人，也都是没用的。

前阵子网上有位清华毕业的"学霸"，经常搞一些生活实验，用高大上的实验器材和复杂的试验流程，去验证一些无厘头的生活问题，比如"怎么喝奶茶珍珠才不会被剩下"之类的，起到了很好的搞笑效果。没错，要是把这些决策流程、方法和精力放在工作上，那么他的成果可能引起万众瞩目，但是放在这些没什么用的地方，只会因为反差而让人觉得搞笑。

你可能觉得这是个特例，但是想一想，有多少人在工作上就是这样的态度呢？重要的活不干，抓着手里的小事煞有介事地安排、策划，这样的决策，就算是正确的也都是无足轻重的。

决策人要让有意义的决策选项发光，决策思维是不可或缺的决策工具，合理运用这个决策工具，对决策人找到决策要素、决策方向、决策亮点，有良好的促进作用，也对决策人未来的发展动态有最为直接的助力。所以，决策人要善于珍惜每一次决策机会，并做出客观的、有价值的、高效的决策，以此提升决策质量。

想象力让你脑洞大开

决策一定要有想象力，我们不说"心有多大，舞台就有多大"，一定的想象力至少能给你一些有闪光点的想法，这些想法很可能就启发你产生有意义的决策。

爱迪生坚持了几千次的实验，最终创造了电灯，在这个过程中，他肯定无时无刻不在做决策，从制定实验方案，到选择实验材料，甚至是决定是否继续自己的实验，都是决策。而决策的最开始，不就是因为他富有想象力，所以想到可以将电和照明联系在一起吗？所以，成功的决策者往往就是先想到了别人想不到的东西，再做了别人没有行动的实践，才会成为享受到蛋糕的人。

除此之外，决策过程中也需要想象力。有时决策者在做一个决策时，思维会出现跟不上实际发展的情况，可能很需要你制定下一步的工作了，但你不知道该如何将决策继续下去。这时，就需要决策者打开自身的想象力，寻求决策信息、决策线索、决策方向，进而从新的角度出发去解读你的工作内容，做出最合理的决策方案。

有时，在你意想不到的时刻，会出现令你措手不及的事情。此时此刻，就需要你在紧要关头做出关键决策。所以，在做决策时，不要低估你的想象力，合理的想象力，会让你脑洞大开，甚至获得意外的收获。

当决策者拥有超强的想象力，在想象一个问题时，更容易脑洞大开，这对决策者收集更多的决策信息，完善决策数据，制定优质决策方案，有一定的促进效果。

好了，明白了想象力对于决策的重要性，你可能就要问了：如何让想象力在决策中发挥作用？胡思乱想是不行的，你得将决策和想象力结合起来。可以说，这两者是强强联合的。有些人想象力挺丰富，但是过于天马行空，没有真正发挥它们的实践意义，这就是"该想的时候不想，不该想的时候瞎想"。所以，有想象力还不行，还得学会把想象力与决策思维结合在一起。

决策思维是引导想象力迸发灵感的关键。那些聪明的决策人，都会借助于决策思维这个功能，探索人的想象力带来的意想不到的良好决策。合理地运用决策思维，对决策人充分运用想象力把握最佳决策结果，探寻最高效的决策规律有益处，使决策者做出的决策更具科学性。

这样可以怎么做呢？我举个自己的例子吧，每次做一个项目决策的时候，我都会进行一番策划，在策划的过程中只要是想到了什么特别的问题，我就一定会记录在本子上。哪怕是再天马行空、灵光一现的想法，只是一个小小的细节，我也会记录下来，然后找时间思考，将不同的小想法联系在一起思考。

这就是联想，通过联想的方式，我往往能将不同问题结合在一起，找到一个可以平衡多方的处理办法，甚至还是有创新性的。然后将它写在我的项目方案策划中，最终对于决策也会产生影响。

很多人都像我一样，通过"提问题""解答问题"的方式，开发自己的想象力和联想能力，将想象力运用在工作上。很多决策者在遇到一个问题时，总会在脑海中左思右想，搜寻解决这个问题的办法，比如会用到哪些手段、哪些途径，这时，就需要决策者在思维的海洋里搜索各种各样的决策信息，并借助于想象力，把与思维相关的信息整合在一起，使之在脑海里寻找到解决问题的各种可能方案。经过缜密思考后，决策者便想出了最终的决策方案。取得的这个决策方案，很大程度上归功于决策思维与想象力。

在互联网的大背景下，作为新生力量的互联网营销占据了一席之地。在这关键时刻，各大企业把握好时机搭上了互联网营销快车。ToysRUS就是其中的一员。

在大数据的影响下，不少企业善于抓住节日的机会，为企业的产品大力地做了营销。

2012 年，圣诞节前夕，ToysRUS 公司的决策者发挥出惊人的想象力，为孩子们准备了一份圣诞热销玩具，共计 15 款玩具。他们在策划活动时规定，只要消费者可以凑齐所有的款式，然后跟家人一起拍上一张带有玩具的全家福，并且将其分享到网络平台，如 Facebook 或者 ins 上，就可以在圣诞节的时候在 ToyRUS 公司享受到其他玩具的折扣。这就是一个将圣诞节、玩具和互联网联想到一起的决策。

在这之前，人们可能有过"集齐玩具打折"的营销，已经成为惯例了，并不稀奇，也可能有过做活动、在网络上分享就可以享受优惠的营销，但是没有人真正将玩具和互联网结合在一起。在他们眼里，这两样东西实在是差太多了，一个是虚拟的信息技术，一个是实体销售，一个是最新科技，一个是传统工业品，怎么联系在一起呢？

所以，ToysRUS 的公司做出这个营销决策，很创新。尤其有意思的是，他们并没有真正意义上创造出什么新的东西，只是将两个领域都常用到的营销手段结合到了一起而已。做出这个决策，与决策者的联想能力是分不开的，毕竟不是人人都能想到还可以这样做。

有时，决策者的一个新颖决策，会带来意想不到的效果。无论是推广品牌，还是增加产品业绩，都能起到一定的促进作用。可见，要想获得一个良好的决策方案，还需要借助于想象力为决策者的增加灵感，既拓宽了决策思维的范畴，也对更好地制定出决策方案有直接益处。

总结一下，决策想象力的开发可以有一些小技巧：

1. 在决策的过程中，始终牢记要有想象力、要思维活跃

决策者在做一项决策时，收集数据、分析问题、解决问题，是必须做的一个环节。有时，决策者在分析一个问题时，会出现灵感受限的情况，这时，就需要决策者大胆打开想象的翅膀，多方面寻找信息，以便为决策者提供思考方向，得出合理的决策方案。

所以，千万不要等到遇到问题了再去想，决策的过程中始终要告诉自己——思维要活跃，想法要新颖。其实，一些好点子并不是灵感突现，一些会做决策的人也不是天生的想象家，他们只不过是因为时刻有这个调动思维的意识，所以才会做到这一点。最好一直开着你的想象力开关，这样在需要的时候，你才不会错过所有信息。日积月累的想象，才能让你在关键时刻迅速找到解决办法。

2. 不要被固有思维所禁锢，你才能创造出新东西

打破想象力的枷锁，使决策方案更具创造力。有时，决策者在想象一个问题时，会因为想象力被思维固化住了，以至难以搜索更广阔的信息，想出来的决策方案也是不尽人意。在这种情况下，需要决策者打破常规的想象力，敢于运用天马行空的想象，来获取各种见解与思路，以便决策者所做的决策更优质。

3. 平时多接触新事物，打开想象力通道

想象力，与决策者的天赋有关，也与决策者有没有持续不断地接受新事物有关。当然，想象力丰富的决策者，能够运用想象力获得快速做决策的捷径。但是，那些想象力欠缺的决策者，就需要通过接触新事物提升自己的想象力，以便做出更精准的决策。

4. 多提问题，能为决策者的想象力加分

我提升自己决策想象力的办法就是这样，不仅多给自己提问题，而且将每一个小问题都记录下来，并不因为它太小了就不以为意。然后，才会因为积累问题、思考问题而联想出更好的解决办法。有时，决策者对一个决策方案冥思苦想，却想不出好的应对办法，就需要改变策略对自己适当地提一些问题，引导自己寻求更多的决策信息，从而做出高水平的决策。

5. 到室外走一走，增加想象力

当思维受限，想象力固化时，决策者可到室外走一走，一是放松心情，二是有利于在散心的过程中见到一些新元素，增加想象力的宽度，最终运用思维与想象，做出最合适的决策。

6. 善于从不同渠道中，打通想象力的想象空间

决策者在决策一件事情时，遇到某个问题，有时怎么想也找不到出路。这时，就需要决策者暂时放下手里的事情，不妨去书籍里、影片里寻求灵感，也许，这种做法能帮助决策者想到决策的点子，找到决策的出路，从而实现最佳决策。

做一个高质量的决策，会不可避免地运用到决策思维、想象力，这两个元素都是通往决策方向的最佳途径。到位的决策思维，需要融入不同类型的思维方法、思维模式，完善决策者的逻辑；而想象力，又是为决策思维出谋划策的军师，适当地听取军师的意见，能为决策者指点迷津，以探索出一个优质的决策方案。

赵春林老师办公照

给思维一个说法

在做一项决策时，需要决策者充分考虑决策事件的重要性、复杂性，以及做出这项决策以后对后续事件会不会产生不良影响。说到底，也就是决策者在做决策时，要给自己一个合理的说法，让自己的思维能够正确地诠释决策。

面对重要性的决策，决策者要善于问自己一些与决策相关的问题：这个决策的风险系数有多大？代价有多大？怎样才能把风险与代价降到最低？这些都是决策者在做决策时应该考虑的问题。

良好的决策思维，是决策者的一笔无形财富，也是决策者制定出优质决策方案的关键所在。决策者要懂得珍视并培养自己的决策思维，让自己的思维更强大，这对更好地运用思维，解决各种各样的问题，制定出优质决策有决定性的意义。

做决策，实际上就是决策者运用一定的思维方法，去寻求可行的决策方案。决策者思考的思维方向，就是探索决策方案的方向。当决策者重视自己的思维，懂得以最佳的方法来运用思维，那么做出来的决策精确度就会很高，反之，决策精确度就不如人意了。

运用决策思维做决策，既要有技巧，也要有方式方法，整合各方面的决策元素，能够增加决策的可信度、实用度，并且能使决策者的决策方案产生应有的价值，这也是决策的最高境界。

当然，也有决策者在做决策时，鉴于信息的复杂性，不知道何去何从，这时就需要决策者根据自身的价值观、风险意识，寻找一个大致的思考方向，这样就给了思维一个"说法"，让它有了可诠释的空间。在这个说法中，包括：时间压力、资源压力、国家政策倾向、风险承受力等，找到最能让思维接受的说法，然后下结论，做出最理想的决策。

做为一个决策者，不论做哪方面的决策，都应透过事物的现象来分析本质，在分析的过程中，应借助于一定的决策思维，经过全面的辩证，探索出一条可行的决策方案，以便为己所用。

1. 决策思维，应注重系统性

决策思维的系统性，是把客观事物的普遍现象有序地表现出来。决策者做决策时，会面临诸多问题，而军事问题、经济问题、文化问题也是不可忽视的一个方面，做决策的过程中，运用一定的思维方式把它们融入决策方案中，这对做出高品质的决策有良好的益处。

2. 决策思维，应注重战略性

决策者在做决策时，需要站在一定的高度上，审时度势地分析决策项目的战略性。战略是否有远见，体现在决策者思考问题时，有没有着眼于大局。并且，要运用决策思维把局部融入大局中，使做出的决策更具长远的战略性特征。

3. 决策思维，应注重预见性

做决策，最重要的便是有没有体现出决策的预见性。预见性，是正确决策的前提条件。正所谓"凡事预则立，不预则废"，说的就是这个道理。决策者做决策时，力求科学正确，这是做出高明决策的关键，也是决策者决策水平的体现。

4. 决策思维，应注重创造性

做决策的过程中，用思维思考问题是决策者的明智表现，而用思维探索决策结果的过程中，中规中矩的决策已很难达到决策者的理想需求。此时，就需要决策者改变策略，以创造性的思维考虑问题、分析问题、解决问题，以便做出的决策更具生命力。

5. 决策思维，应注重可行性

可行性，是指运用自然科学和社会科学的手段，寻找能达到决策目标的一切方案，并分析这些方案的利弊，以便最后抉择。可行性分析是运用一定的决策思维手段，重点把握决策中的核心元素，以便做出优质类决策。掌握决策的可行性，必须认真研究分析制约因素，包括自然条件的制约和决策本身目标系统的制约。可行性在决策环节中的具体要求，就是在考虑制约因素的基础上，进行全面性、选优性、合法性的研究分析。

6 决策思维，应注重外部智囊团来实现

决策者在做决策时，会不可避免地遇到"谋"与"断"的问题，由于决策者处于当局者的局面中很难看清一些问题，这时就需要决策者借助于外部的智囊团来帮助自己实现科学决策，以便做出更客观的决策。

到目前为止，决策思维已在国内外受到思维科学、心理学、管理学等学科越来越多的重视，因为一个决策常常是能够影响全局的。决策人在运用思维做决策时，担负着很大的责任，一不小心，就会满盘皆输。所以，决策者运用思维在思考决策方案，一定要严谨，力求思维的科学性、合理性，给思维一颗定心丸，也有利于决策者安心，使决策者的决策体现出应有的价值意义。

第 3 章

战略决策，
开创一片天地

战略决策的定义

战略决策是什么？

根据定义，战略决策是一种覆盖面广、影响长远、针对重大问题所做出的决策。比如一个企业未来几年的发展大方向把控，可以说是一种战略决策，但是一个小项目的规划、推广或者宣传，就不能算是战略决策。为什么？因为后者没有全局性、长远性，对于大方向来说也只是个不痛不痒的小问题而已。

战略决策，一般是只有高层领导者做的，尤其是在企业里面，一个好的战略决策可以让企业反败为胜、起死回生，一个错误的战略决策，严重者甚至会导致企业雪崩式的瓦解。

这并非意味着，如果你不是高层，就不需要做战略决策了。对个人而言，你的长远发展也是要做战略决策的，一个时间跨度长的职业规划，可以说是战略决策，一个影响未来的转折点的决定，也可以说是战略决策。

大学毕业的时候，去思考考研还是工作，可能导致你的未来走入两条路，这就是战略性决策；工作的时候，决定跳槽还是留下继续干，可能会导致你的职业生涯产生翻天覆地的变化，也是战略决策。所以我们人生与其说是决策所影响，不如说是战略决策所决定，小的决策未必影响大局，但是战略决策只要是做了，就一定会在你的生活中产生"地震"。

在竞争中，决策者制定高水平的战略，有利于决策者的长远发展。一个好的战略，能帮助决策者集中资源，避免走弯路，合理地减少不必要的损失，对决策者成就一件事情一个项目有良好的益处。一项高水准的战略决策，往往能对全局性产生重要影响。

战略决策，可以说是每个决策者都会面临的。决策者在制定战略的过程中，体现出了决策的复杂性、战略的动态性。决策者在制定战略时，需要收集大量的信息，并运用一定的决策方法排除不确定性因素、模糊性因素，留下最有价值的信息，并在此基础上进行战略拟订，制定出最具可行性的发展战略。

在中国，许多企业的决策人员，在制订企业决策时，由于没有全方面地考虑决策的可行性，导致企业战略失败，以至于造成不必要的损失，战略不精准的问题，直接影响着决策者的决策质量。但同样，战略决策搞得好，就算别人都不看好，你也能创造出一个辉煌的未来。

小米的创办者雷军，就是通过一个正确的战略决策，让自己人到中年又焕发了成功的辉煌。雷军其实并不算是不成功，他十几年的金山生涯，让一个软件公司成为业内大拿，足以证明他的能力。但是雷军自己是不满意的，软件做好了，却错过了互联网的风口，看着自己的后辈们一个个崛起，不管是京东、阿里、腾讯，都比雷军更加成功。

他觉得是自己的人生规划错了。换而言之，就是职场的战略决策错误了。于是，雷军再一次瞄准了互联网，这一次他给自己的新企业进行了这样的战略规划——

做互联网的手机，做手机中的互联网衍生品。

这个战略规划，直接导致小米诞生了。

在金山干了十几年，成为软件业赫赫有名人物的雷军，在小米的这次创业中也同样遇到过"行业壁垒"。软件业里无人不知他的大名，只要提到是雷军创业了，不少人都跃跃欲试想跟着他干，从人才到人脉，从经验到市场全都不缺。可是这一次，他瞄准的是手机市场，是软硬件结合的市场。

雷军难得碰壁了，他的团队最开始连一个硬件上的领导人才都找不到，人家不认他，不看好他！一开始，他连去哪里找寻人才都不清楚，招人面试就持续了三个月。找到自己心仪的合作伙伴之后，联系硬件的生产商又成了问题。作为一个新兴的创业公司，大部分生产厂商都不愿意接他们的单子，没办法，只能一点点磨、一家家找。

这种碰壁，是不是意味着雷军的战略错了？不，战略决策的正确与否，要看长远的回馈，而不是短期的发展情况。其实，一直到小米的发布会之前，还有人唱衰他，但后来小米手机的爆卖，证明雷军的战略是对的。

做一款跟互联网结合的手机，做一款只有线上出售、没有线下门店的手机，做一块将利润压缩到最低、性价比最高的手机，这就是小米这个企业的定位，就是它的战略决策中心。靠着这个正确的决策，雷军重新回到了互联网的风口，吃上了几乎是最后的一块大蛋糕。

战略是否优质，直接影响着决策的进展。所以，决策者在做决策的时候，应充分考虑决策的可行性、前景性、发展性，当各方面的因素都考虑到位了，做出的战略规划才有价值意义。反之，决策者做出的战略便失去了自身的价值意义。

要做一个战略决策，首先要利用不同阶段提供的各种信息，比如发展的机会、身边的竞争情况、自身或者企业的能力等，在充分了解和分析之后，再进行全局的决策规划。要做一个战略决策，可以走三个步骤：

Step1：战略定位决策

做战略决策的第一步，就是定位。就像小米公司的定位是"互联网手机"一样，你得抓住你要做的战略重点。如果是做企业，你就得知道这个公司要"做什么"，如果你要做个人选择，那你要清楚你的选择需求是什么。找到了定位，才算是找到了一个"铆"，可以让你牢牢地固定在自己想做的产品、想达成的目标周围，不会在后来的时候越走越偏。

有些人不做定位，从短期来看没什么，长期来看就越走越偏，很容易导致自己"忘了初心"。举个小例子，现在网上有很多游戏主播，靠着直播游戏圈粉，有了很高人气并且将人气变现得到了高报酬。在这种情况下，他们的职业规划应该是以"游戏 + 粉丝"为主，将重点放在玩好游戏、笼络粉丝上，就可以越做越好。

但是很多主播什么都做，有了粉丝以后就疯狂变现，有的在淘宝上开店卖衣服、在线下开饭店，还有的不停接广告，甚至有些人因此忘记了自己的主页，把游戏放到了脑后。说实话，短期可以变现，但是长期来看，绝对是错误的战略规划。这种忘记初心的行为，让他的职业越来越没有"独一无二"性。粉丝是来看游戏的，如果你总是买东西，很快就会失去他们。

其他行业也是如此，做战略定位很重要，这是决策的第一步。

Step2：战略指标决策

做什么事都要有个指标，或者说是目标。对于企业来说，大概最怕看到的词就是"指标"二字了，很多企业对 KPI，也就是职工业绩过分重视，只要是指标，就一定得严格完成，还特别不容易完成，这就让不少员工感到压力特别大。

当然，战略指标不能这么搞。如果你总是搞一个几乎完成不了、每次都要很累很忙才能达成的指标，那必然无法真正实现，失去了指标的意义。因为战略指标是长期的指引，所以一定要考虑到过程中可能有的意外，所以在设定时反而要比短期指标更加宽松。不管是个人也好，经营企业也罢，都得这样。

企业的战略指标有很多种，比如每年完成的净利润、资本投入或者市场份额，这些可以量化的信息都可以设定一个指标。有了指标，才有接下来的规划动力。

如果是个人指标，也可以规划如工作量、年收入、职位发展情况等。只是要记住，长期指标一定要稍微宽松，因为要给意外留下空间，不能保障自己长期都以最高效率来工作。

Step3: 业务战略决策

完成了前面两步之后，就要进行业务战略决策。对于企业来说，制定业务战略决策都是围绕着"收益率"来进行的，很简单，毕竟企业都是要赚钱的，所以规划业务执行细节的时候，就会关注收益，比如"成本领先战略""质量领先战略"等。除此之外，还会根据对外竞争情况和市场分析，制定如并购战略一样的业务战略。还有跟争夺市场份额、优化生产等有关的内容，只要是精确到不同业务面的，但是又属于长期的大方向战略，都可以算作业务战略决策。

对个人来说，业务战略决策也很重要。不管是生活、职场还是交际，是个人规划还是爱好选择，都可以看作是"业务"，并进行单独的战略规划。对家庭亦是如此，财政规划、旅行规划、时间安排、亲戚交往，都可以有单独的"业务规划"。这样一看，业务规划才是战略规划中最细节、最基础的一部分。

战略决策的质量好坏，与决策层的团队成员有直接关系。决策者在做决策时，会听取团队人员的意见，然而不同的团队成员提出的意见是不同的。这时，决策者如何取舍战略，就需要考虑团队人员个性方面的问题，其中，年龄、性别、个人价值观、个人信仰等，都应进行相关分析，综合衡量后，做出最具战略性的决策。

根据战略决策的定义，在制定战略决策时，要注意下面几点：

1. 制定战略决策，应重视过程与程序

不论做什么战略，过程与程序，都是不能忽视的一个环节。良好的过程与程序，可帮助决策者收集不同的意见、战略方案，理清战略线索，能对整个战略结果起关键性的作用。认真对待每个环节的过程与程序，可以发现更多的可能性决策战略，对完善一个好战略有良好的助益。

2. 制定战略决策，应具有持久性的特征

不管是个人决策者，还是企业决策者，在制定战略时应展望未来，使制定的战略能发挥持久性的作用，以帮助决策者产生其应有的价值。

3. 制定战略决策，应具备解决问题的能力

决策者制定出来的战略，应具备解决问题的能力。决策者的战略，在解决问题时，应体现全局性、战略性、长远性。决策者在做决策的过程中，越是高端决策，越要找高层次的决策者拍板，以确保战略的客观性、精准性。战略，是个人决策者和企业决策者的生存命脉，战略的高低，对能否产生出优质价值有直接作用。

4. 战略决策应带着顽强的生命力

决策者对一个项目进行决策时，应充分体现战略的顽强性、可实施性，以便战略得到顺利实施。而决策者做出的决策，才不负所望，从而成就决策者的战略。

5. 战略决策应体现整体性、长期性、基本性等元素

一个优质的战略决策，往往会对整个决策的战略方向产生影响。尤其是在实施一项带着整体性、长期性、基本性的战略时，这种战略方向的偏移性显得更为明显。

对决策者来说，制定一个有效战略，犹如完成一个宏伟目标。当决策者花费心思来构思战略、完善战略，甚至是实施战略，那么这个战略也就体现了它应有的价值。反之，则不然。

战略，是决策者做事的纲领，能帮助决策者找到做好一件事的路径。可以说，决策者制定出优质战略，不仅对自身理清发展路线有益，而且还有利于决策者成就最好的伟业。

战略决策的核心与特点

随着社会的发展、人们自身能力的完善，越来越多的决策者认识到战略对一个人的成就的影响。决策者在做一件事情时，会依据一定的战略要素，制定出适合自身发展的战略，这个战略既能引导、规范决策者的做事流程，对推动事业的全面发展可起到良好的促进作用。

一个高水准的战略决策，包含了众多对策、众多要素、众多内容、众多层次的决策元素，可以引导决策者更好地向前发展，对决策者的事业具有良好的引领与规范作用，可确保决策者战略的先进性、整体性、稳定性，使决策者对要做的事业发展得更稳妥。同时，一个高水准的战略还能避免决策者的事业不发生危机，促进事业的发展与繁荣。

有时，一个战略还会对国家各项事业的发展产生直接关系，尤其是对国家的经济、政治、文化等发展，均会起到一定程度的影响。所以，制定一个良好的战略，不仅有利于决策者自身的事业，而且还有利于国家的总体发展战略目标，认真对待战略，于己于国，都是有利的。

一个好的战略决策，在发展的过程中具有一定的指导意义。把战略

赵春林老师和中国品牌专家梁中国研究国家品牌发展战略

灌输到决策者的各项事业中，对决策者找准发展方向、发展路线，有着最直接的指导价值，对成就一件事有益处。

战略要素，是在战略的实行下得以发展的。一个好的战略，需要战略要素的参与，需要战略要素稳固根基，当根基稳固了，制定的战略才更具内涵、更具说服力、更具实践性。

战略要素是形成一个有效战略的关键。战略的形成，是建立在目标、目的、计划、资源等方面。战略对形成的决策而言，带着一系列的协调性、创造性、持续性。战略目标，是克服一个又一个核心领域的挑战，为个人、企业创造最大化的价值。

战略要素在通往决策的道路中，具有三方面的特点：一是具有识别核心战略挑战的特点。识别核心战略挑战，体现了决策战略的核心与灵魂，而决策者通过制定战略的目的，对决策者克服一个又一个的核心目标有直接的价值意义。二是战略在形成后，对决策者更好地协调、创造、实践有益处。三是形成的战略能为决策创造价值。一个好的战略，能为决策者创造可贵的价值，而不能创造价值的战略，也将是一文不值的战略。所以，一个高明的决策者，会构建一个优质的战略，并会使战略发挥出应有的战略作用。

与此同时，聪明的决策者在做决策时，还会注重战略的核心价值、战略目标、战略结果方面的元素，通过对各个要素的分析，便能得出最佳的决策。

说到企业战略决策的特点，我们就得提一提淘宝的著名品牌"三只松鼠"。三只松鼠这个品牌的战略定位就是做线上的坚果品牌，是成功将坚果在线上做大做强的行业领导者。三只松鼠基于这个战略定位，在品牌的业务战略上制定了这个决策：既然是线上品牌，跟线下就得有区分，而线上各大品牌最重要的一个特点就是注重用户的评价，注重用户口碑。

所以，三只松鼠的品牌业务战略里，注重口碑很重要。由于这个战略方向，三只松鼠所打造了松鼠云平台，就将重视消费者反馈这一点做到了极致。

他们将买家的评价全部收集起来，分析好评率甚至可以具体到每一个产品身上，企业有专门的分析人员，每天在买家的众多评价当中随机收取 1% 到 2%，将反馈的关键词收集和归纳起来，反应给他们的供货商。这样供货商就可以随时根据消费者的意见，改良升级自己的产品，三只松鼠也可以根据消费者的回馈来随时调整自己的产品线，改良产品的供应问题。

比如，如果开心果的好评率下降，而关键中常出现"不新鲜"等词汇，三只松鼠就会强调由供货商提供更加新鲜的坚果，或者调整开心果的供货商渠道，这样就能始终提供给消费者他们满意的产品。

无形之中，消费者和企业就在评价和收集反馈的过程中完成了一次合作，而这个过程不仅让企业可以更好地服务消费者，也让消费者对企业产生了更多的信任。他们在评价被重视的过程中，提高了参与度和品牌的忠诚度，就将成为更加忠实的消费者。

在这个过程中，三只松鼠的战略规划体现了他们所坚持的战略方向，首先是重视用户口碑、用户评价，这是战略的核心价值。所以为了做到这一点，三只松鼠创建了这个松鼠云评价系统，这就是达成战略目标的细节。而这个战略，也具备战略要素所有的特点。

比如，要围绕着战略核心来做决策，攻克核心问题，而三只松鼠的战略核心就是"用户评价"，这一点做到了。其战略在实施过程中，能对决策者的协调、创造工作有益处，这一点也做到了。平台的建设让用户可以更好地跟企业交流，通过反馈信息的方式让自己享受到更好的服务，也让企业可以更好地改进经营模式与品质；而这一战略也对整体的企业决策有正面意义与价值，起到的良性影响较大。

好的战略，往往能为决策者的决策锦上添花。好的战略，是围绕着需求者的方向展开的。当决策者找对了需求者的方向，战略就会有着落，制定出来的战略也才有自身的价值。

决策者制定的战略，应具有战略的核心要素，这对更好地协调、创造、实践有益处，并且，合理地开发战略的核心价值，对决策者创造更多的价值有一定的推动效果。

优质的战略，应具有协调有序、互相加强的特点。战略在形成以后，还需要付诸行动，在行动的过程中，应注意各个小战略之间的协调，协调到位了，事情也就做成了。

最好的战略，是在创造中产生价值。决策者的战略，应具备基本的价值素养。通过决策者实行的一步步小战略中，挖掘战略的最大价值。事实上，战略在人们实行的过程中，便以创造的形式，实现了自身的价值。

战略的品质，与战略要素的匹配有很大的关系。决策者制定的战略，应当符合战略要素的几大元素，其中，战略目标、战略目的、战略计划、战略资源等，是战略要素不可或缺的部分，把握好战略要素的关键点，是成就战略品质的标志，也是高水平战略的重要体现。

决策怎么做，制定战略是重点。不论何种类型的决策者做决策，均要充分考虑战略要点。战略要点，算得上是决策结果的分界点，战略有发展性，决策就有价值性，反之，战略缺乏发展性，做出的决策自然就缺乏生命力了。

良好的战略元素，是制定好战略的关键，能使整个战略以文化的发展形式引领决策者找到做事的方向，对决策者做好一件事情、一个项目，有直接的理论指导价值。并且，对相关的执行人员也给出了最明确的战略方向，使其能够在战略的指点下找准自己的发展路线，一步一步走向事业的成功之路。

战略定位要精确

近年来，随着人们做事的条理性、系统性，使得更多的人越来越重视战略定位。作为一件事情的领头人，做好一件事情，或是一个项目的战略定位，对领头人事业的发展有百益而无一害。尤其是竞争激烈的市场经济下，更需要那些决策者制定出优质的战略定位，使事业的发展路线更明确，更有利于事业的成功。

决策者做好战略定位，对明确战略方向，挑战各种各样的难度很有益处。战略定位，对优化资源配置、战略路线等方面可以起到锦上添花的效果，对进一步推进战略发展有良好助益。

决策者在制定战略定位时，应从发展方向、发展动态来确定战略，以便做出的战略能够体现出实质性的指导价值，从而为决策者赋予战略上的助力。

赵春林老师在首届中国房地产策划峰会上讲话

决策者做好战略定位，对明确一件事情、一个项目的机会与威胁、优势与劣势给予合理指导，并对未来的做事方向、做事内容有好处，能使决策者的战略定位体现出应有的价值意义。

也许，在制定战略定位的过程中，不同的决策者做出的战略不尽相同，但它们却有一个共同点，即：借助于战略定位，使自身的决策取得成功。换句话说，战略定位是成就决策者做好一件事情的关键，是引领决策走向成功的主要路径。

做任何决策，都需要有一个精准的战略定位。当战略定位的方向明确了，所做的决策才会有针对性，也才能做出正确决策。

在经济大环境下，你知道自己要走怎样的路线吗？这条路线能否为你的收益带来直接效益，这些问题都想过吗？不论你是处于传统行业，还是互联网金融行业，拟订出精准战略，在战略的指导下制作出一个个可行的决策，都是市场经济的必然发展趋势。你的战略方向走对了，做出的决策才会有价值，也才能获得成功。

在决策主体的类型中，有不同的决策者，这些决策者在发展各自的产业或项目时，会使用不同的战略。而这种战略与战略之间的差异，便是不同决策者对各自的产业或项目的一个准确定位。换句话说，不同类型的决策者做决策，也就是在为各自的产业或项目做战略定位。当决策者的战略定位精准了，那么他的发展方向也就更明确了。正所谓："萝卜青菜各有所爱"，说的就是这个道理。由于决策者的人生阅历不同、价值观不同，所选择的行业也是不同的。有的决策者可能选择实体行业，有的决策者可能选择互联网行业，不论所选行业结果如何，都体现了决策者自身的择业观念。实体行业在发展的过程中，要先把战略做好定位，然而再一步一个脚印来发展企业；而互联网行业，更注重信息的敏锐度、整合度，就拿互联网行业的自媒体运营来说，在战略定位上也是需要精心制定的。当决策者认真去对待战略定位，企业自然就会朝着好的方向发展。

互联网行业中的自媒体运营，是一种新型的互联网产业，具有平民化、私人化、自主化的传播特点。自媒体的运营，是通过电子化手段向特定或不特定的人群传递一些规范性、或是价值性的信息。自媒体在运营的过程中，一定要选择一个用户容易接触到的互联网平台（如，微信公众平台、微博平台、其他大型的媒体平台等），这对自媒体产生价值有很好的促进作用。

2006 年底，美国《时代》周刊评选了一幅年度人物封面，这个封面并非是人们想象中的某个人的照片，而是由一个"You"、一台电脑两个元素，共同组成的一个封面。封面阐述的内涵：由一个"你"，一个网民，都能体现年度人物的特色。"媒体"不再是触不可及的信息媒介了，每个人都可做自己的媒体，想看什么便看什么，想写什么便写什么，一切都乐得个自由自在。个人可以有属于自己的"博客""微博""公众号"等媒体平台，可以在自己的媒体平台上表达观点与建议。

自媒体人（有个人，有企业等）正是在这样的环境下，搭建了属于自己的媒体。只需在你中意的媒体平台注册个账号，便可以把自媒体人想到的、看到的、听到的，以文字、图片、视频的形式发到媒体平台上，构建起自己的媒体圈子。

有了自媒体平台，自媒体人自然要制定自己的战略定位，每天发哪方面的文章、发哪种形式的图片、视频的形式怎样展现，应该设定哪些栏目，如何实现盈利等，都是自媒体决策者要考虑的问题。经过一段时间的试验，有的自媒体人在励志领域里翱翔，有的自媒体人在心灵鸡汤领域里畅游，也有一些自媒体人，也不分具体栏目，只要是自己擅长的领域，皆以"原创"大展身手。

那些投身于"原创"领域的自媒体人是幸运的，他们原创的内容获得了广大粉丝的认可，吸引了大量粉丝关注，之后，这些原创类自媒体人便通过接广告盈利了。

当然，自媒体人的广告收入也是有高有低的。其中，自营广告的广告收入，在自媒体广告中占据了高收入的地位。也有一些做得好的微信公众号，其头条广告的报价已达 10 万元；至于今日头条更是媒体号中的大咖，其自营广告已达万元级别。由于今日头条等媒体平台的受众人群广，对自媒体人的要求高，因此，这类广告转化的收益仅掌握在小部分的自媒体人手里。

自媒体运营，能不能做好，还是一个战略问题，定位好了战略，也就成功了一半。其中，原创类自媒体人的战略定位，就是一个很好的战略方向，只是自媒体人要量力而行，有了金刚钻，才可去揽瓷器活，否则，还是多把时间花费在实体行业上吧！

在互联网时代的大潮流下，自媒体行业生机勃勃，那些有能力的自媒体人，在做好自媒体运营的同时，还需要考虑这个行业的盈利问题：广告盈利、软文盈利、打赏盈利、付费盈利等，这些均是自媒体运营模式下的常见盈利方式。如果你研究不透，或是拿不到这些盈利，那还是建议转入实体行业好好打拼吧，毕竟事业不易，需要我们每个人珍惜。

每一个决策者，都可以选择自己的行业，可以是实体行业，可以是互联网行业，具体做何安排，需要根据自身的情况来定。不过，不论选择哪些行业，决策者都要对自己的行业做战略定位，当战略明确了，解决问题时也就容易得多了。

决策者对自己从事的行业做战略定位，应对自身行业领域的市场方向、市场目标、市场前景等，做出详细的战略规划，以便决策者更好地实践决策结果，成为最优秀的决者人员。

战略目标明确，可规避战略定位偏移方向。决策者在制定战略目标时，应明确一个个小目标，并确保战略目标大方向的正确，使战略目标的定位不偏移，最终成就一番事业。

把握战略脉搏，有利于做好每一步战略规划。决策者做好战略定位的关键，就在于能不能把握好战略脉搏，知道在何种形势发展动态下制定出合理的战略规划，对更好地成就一件事情或是一个项目有良好的推动作用。

关键战略最具生命力

关键战略，能使决策者走出关键的一步棋，从而统揽全局。

关键战略，是决策者最具智慧的一步战略，它是决策内容的中心环节，能够纵横整个决策。一个英明的决策者，能在制定出关键的决策后，帮助决策者"运筹帷幄之中，决胜千里之外"，并取得有效的决策结果。

决策者无论做出怎样的战略决策，都需要立足于当下，做出有利于未来发展的决策战略。有时，决策者在发展一个项目时，会随着时间的推移做得越来越好，这时，就会在脑海里出现改革或发展的决策战略，这种想法无可厚非，却需要权衡需求，权衡利弊后，才能最出最关键的战略决策。因为，关键的战略决策，会让决策者走得更远，使决策者得到自己想要的理想效果。反之，则不然。

比尔（Bill）与朋友斯坦（Stan）为了梦想，在纽约的布鲁克林区共同成立了一家隔音材料公司。创业初期的日子是艰难的，但是，经过20多年的努力奋斗，比尔与斯坦的公司已经成长起来了，此时，已处于坐享收益的阶段。

然而，比尔喜欢挑战新事物，他准备卖掉自己在公司的一半股份，以便重新成立一家新公司的决策战略。比尔与斯坦商量了一番，斯坦同意买下他的股份。

随后，比尔考虑着他的股份定价，在他看来，公司的现值是130万美元，于是他的股份定价便是65万美元。考虑到斯坦经济状况，打算把股份定价定在40万美元。为了万无一失，比尔又与妻子玛丽、三个孩子（已成年）讨论了股份定价，妻子在得知比尔的打算时说出了不同意见：创业的艰难这是谁都知道的，出售股份难道就不应该制定实际价格，且为自己争取点补偿吗？听完妻子的意见，比尔陷入了沉思中。

无奈之下，比尔找了一家决策机构，以便合理地解决这个股份定位问题。决策机构负责人问道："你为什么要卖出股份？"比尔回答："我想创办一家新公司，但地点和类型还在考虑中"。随后，比尔向决策机构负责人阐述了他曾有移居西海岸的想法，那里的气候适宜，有利于他们一家人充分享受户外活动。比尔需要一个明确的决策指导方案。

决策机构负责人问道："你自己把股份定价定的是多少？"比尔回答说："市值65万美元，我定的是40万美元。"决策机构的负责人沉思了片刻，说道："如果要出售股份给合伙人，价格要高一些，这样才能更好地实现你的目标。"紧接着，决策机构帮助比尔制定了一份备选决策战略。备选决策战略建议比尔另找人来购买市值65万美元的股份，或是让合伙人先付40万美元，余下的25万美元股份分期付款；或是比尔和他的合伙人一起卖出股份，若是斯坦愿意，也可在新的产权下继续经营公司。

决策机构负责人让比尔衡量了一下他的财务状况以及他与合伙人之间的关系。接着，决策机构负责人问："如果合伙人用 65 万美元来购买你的股份，你会向合伙人返回 25 万美元吗？"比尔用肯定的语气回答："不会的。"决策机构又问道："你出售的股份扣掉相关税费后，还能在维持闲暇的生活下，重新创业吗？"比尔给出的答案是否定的。

当比尔对自己的决策问题有了明确的认识后，又同家人、合伙人进行了充分讨论，做出了不出售股份的决定，而是携家人去了南加州，在那里开了一家隔音材料业务的分公司，这样一来，使比尔满足了他在创业中的美妙感受，也享受到了生活的美好。八年后，比尔退休了，而他的合伙人出价 170 万美元购买了他的股份。正是比尔做对了关键时刻的战略决策，使他的事业和生活拥有了最理想的状态。

从比尔做出的决策战略历程中可以看出，不论做什么决策，都需要考虑一些现实元素、未来发展元素，把各个方面、各个阶段的利益权衡好，再做出最适合自己的决策战略，这样，才对自己的未来有好处，做出的决策战略也才是最明智的。

任何一个决策者在做决策时，都需要考虑来自各方面的因素，并采取一定的应对办法。当措施到位，做出的决策战略才会有生命力与良好的发展前景。

关键战略，帮助你找到正确的决策方向。关键战略，是在一开始就确定好决策框架，并在框架的指导下找出需要决策的问题，分析问题的复杂情况，根据轻重缓急做出最关键性的决策战略。

你的目标，是做好决策的重点。决策者在做决策时，要充分考虑你的目标，因为目标是通往目的地的有效途径。比如，决策者要为企业招聘一名新员工，要首先考虑这名员工是普通员工，还是团队领导，员工的性格应是活跃的，还是沉稳的，把这些问题弄清楚后，你的决策战略就是出来，而在此时做决策，你的决策方向更明确，也容易做出有效的决策方案。

赵春林老师和著名地产商潘石屹研究中国地产发展趋势

创造性的备选方案，让你的关键战略更具生命力。关键战略，是由一个个备选方案组成的。决策者创造性地制定几种备选方案，既是为决策找出路，也是为决策找退路。创造性的备选方案，在你的主要方案行不通的时候，备选方案可以帮你排忧解难。有一点需要铭记：你的关键战略影响你的决策，而你的决策又充分体现了最佳备选方案的生命力。

权衡利弊后，做出最佳的关键战略。决策者在做决策的过程中，总会遇到目标与目标相互矛盾的状态，这时就需要决策者在各个矛盾之中找到决策战略的平衡。大多数时候，鱼与熊掌是不可兼得的。比如，当你把重点放在事业上的时候，家庭上就很难兼顾上，在此刻要怎么办，就需要决策者找到事业与家庭的平衡点，然后做出关键性的决策战略。当你权衡利弊后，做出的决策往往是最明智的做法。

剔除不确定性因素，是做好关键战略的基础。一个有效的战略，有利于做出最有价值的决策。拟订的战略中，要充分考虑不确定因素。比如，现在的这个决策对未来有着怎样的影响？战略距离决策结果的实现概率有多大？并把战略中的不确定因素剔除，把最具价值性的战略进行保存，这便是最优质的关键战略了。

做出的关键战略，要考虑你的风险承受力。不论做什么决策，都是有一定风险的。所以，决策者在制定关键战略时，要充分考虑自身的风险承受力，以规避不必要的损失。事实上，每个人的风险承受力，都是不同的，所以，在制定关键战略时，要找到自身能够承受的风险点，并以此为界线，做出最佳决策。

决策者做战略决策，需要考虑决策时最实质性的问题，那些与战略利益起冲突的，或是无关紧要的战略，均要一一排除，以便在最优质的战略环境下做出最佳的战略决策。与此同时，决策者在做决策时，也要掌握一定的决策策略，以便做出对自己有利的战略决策。当决策者遇到自己拿不定的主意时，也可参考家人或是决策机构的意见，这对决策者明确自己的决策方向，可起到一定的指导作用，有利于决策者做出最优质的战略决策，从而成就美好的人生。

亮出你的竞争优势

决策者在做战略决策时，要敢于亮出你的竞争优势，使你的决策战略更有价值。亮出你的竞争优势，是你的决策战略与其他人的战略相比，有着绝对性的优势，并能在竞争中取得不错的成绩。

决策者在做决策时，应通过战略体现你的优势，不论是战略涉及的行业机会、竞争格局，还是决策者的决策能力等，均要有所体现。决策者制定的战略，应把与决策相关的信息融入进去，使整个战略方案更系统、更客观、更严谨，以便做出的决策更具竞争优势，从而实现决策意图与决策目标的一致性。

竞争优势，对决策者抓住机会一展抱负有一定的推动作用。竞争优势被运用于实践时，有利于决策者在复杂的环境变化下及时采取有效措施。一个决策者，自身的决策里不具备核心竞争力，那么他的决策也就发挥不了应有的效力。竞争优势，是决策者体现战略的一大模式，高水平的决策者制定的战略往往具有核心竞争力，有利于决策者在重重困难中杀出一条血路，对更好地成就决策者的生活或事业有极大的益处。

决策者在成事的过程中，需要一个鲜明的竞争力优势，这个优势能够指导决策者强有力地完成一个项目，最大限度地保障了决策者战略的有效执行。

不论决策者执行何种任务，在执行任务的过程中，均会面临各类大大小小的事务。这时，就需要决策者拿出一个颇具竞争力的战略，指导每个环节的人员处理各类事务。此时，决策者制定的核心竞争战略便发挥了应有的作用，对决策者的决策赋予了充分力量，使每个环节的事务都得到了有效运转，确保了整个决策战略的实施。

决策者在制定战略时，应把自身对所做战略的认知、技能、核心竞争力融入进去，使决策者的战略更具优势，从而发挥出应有的决策作用。

竞争优势，是建立在优质的战略决策上的，对决策者的事业发展很有益处。决策者在做一件事情，或是一个项目的过程中，需要借助于竞争优势来发挥决策价值，最终使整个决策为己所用，成就最美好的决策人生。在决策者所持有的战略竞争优势中，所具有的战略应是有价值的、稀有的、难以被模仿的，以利于决策者根据环境的变化做出精准的、快速的决策反应，从而为决策者带来最直接的价值。

竞争优势体现在决策者的价值性、独特性与独一无二的创新性，可使决策者的决策更具优势，也有利于成就决策者成功的人生。

前几年，家电行业曾掀起一波造车浪潮，当时有不少的民营企业做出了炼钢的决策战略，由于没有立足于当下认真分析这个行业的发展情况，使得不少企业没能把握好家电的战略脉搏，做出了错误战略，还为这些战略决策付出了惨痛代价。

有很多决策者是怎么做出错误战略的呢？很简单，就是盲目跟风。一些龙头企业做出的战略规划往往是比较激进的，他们敢于创新，也能承受创新带来的压力和负担。任何一种策略都要承担风险，在前期也有或多或少的投入，大企业可以承担的投入量当然是比较高的，风险承受能力也高。

但是一些小的企业，也在没有把握好自身战略定位的情况下，就盲目跟风。比如，看到别人做线上项目，自己就也要加一个线上的部门，看到别的家电企业开始造车，自己也觉得能造，看到别人要掺和什么新的概念，自己也不甘落后。但他们没考虑过，这个选择跟自己公司的战略定位适不适应，有没有发挥自己的优势。一些企业就是因为盲目跟风，没发挥优势不说，还拿自己的弱势去跟别人较量，自然吃到了苦头。

毫无疑问，那些不考虑自身竞争优势而盲目地照搬别人的发展模式，并没有取得实质性的成功，而是在浅尝辄止后发现这个路走不通时，便放弃了这个战略。即便如此，也损失了决策者的不少时间和不少资源，严重的，还有决策者使企业陷入了国际化、多元化的不利陷阱中，这些都令决策者懊悔不已。

决策者在做战略规划时，一定要根据自身的情况做出最佳决策，不可毫无目的地跟风，而应着眼于自身

的竞争优势做出最优质战略决策。在做战略规划时，有时决策者的决策思维也会影响决策者的成败，至于出现何种结果，就在于决策者能否客观看待各方面的战略要素，能不能把握住最关键的决策机会、决策

元素，做出最具智慧的战略决策。

决策者在做战略规划时，找准自身的竞争优势，是做好决策的关键。一般来说，竞争优势，体现在决策者能不能客观地看待自身的决策战略、战略规划、与同行相比有没有鲜明的竞争优势、战略规划有没有发展前景等，这些都是决策者做出优质战略规划的前提条件，也是做好优质决策的关键环节。

竞争优势，是决策战略的引路人。一个决策战略做得好不好，与决策者有没有突显竞争优势有很大的关系。决策者找准战略的竞争优势，是一个项目长期发展的方向。决策者通过竞争优势做出的战略决策，有利于更好地发展决策项目，对决策者成就优质事业有直接益处。

决策者的战略，是体现一件事情或是一个项目的长远发展前景。一件事情、一个项目，能不能取得圆满的发展，与决策者做出的决策规划或战略方案有关，因为战略是决策者做事的引路人，不论去做哪方面的事情，它都会在决策者事先构建好的战略方案中指导其前行。有时，决策者专注于一个，或是多个活动范围，都需要战略来做指导，以便事情循序渐进地发展下去。

战略，是决策者做好一件事情的关键。决策者的战略，会在一定程度上影响决策者如何做好一件事，做成一件事，从而为决策者的目标与未来服务，使决策者的战略价值最大化。

优秀的决策者在做决策时，会充分分析自身领域所持有的竞争优势，并找到竞争优势的亮点，将其合理地融入决策方案中，这样，能让带着竞争优势的方案为己所用，开拓出一片与众不同的天地。

任何一个决策者在做战略规划时，都会遇到各种各样的困难。应在怎样的环境下做出决策战略、做出的战略前景如何、会遇到哪些不可抗拒的因素、能否顺利实践等，均是决策者要考虑的问题，把这些问题考虑到位，并拿出相应的应对方案，才会使决策者的整个战略具有有效性。

决策者的战略中，不可缺少竞争优势元素。竞争优势，是战略的根基。一个战略好不好，根基起着很大的作用。根基越牢固，制定出来的战略也就更长远、更有价值。

决策者制定战略时，要把战略风险控制到最低。决策者在运用竞争优势做决策时，虽然增加了一层保险，但还是存在一定的漏洞的。这时，就需要决策者在做战略决策时，尽可能地控制战略风险，使做出来的战略决策尽量达到利益最大化。当然，决策者的战略决策在实施的过程中，总会与其他的不同利益、不同战略重点发生冲突，这就需要决策者本着"两害相权，取其轻"的做事风格，使正在实行的战略决策利益最大化。

竞争优势是你成就事业的前提条件。一般来说，决策者做出的决策战略竞争优势，体现了决策者的核心竞争力，这种竞争力主要体现在特定的事业上，能为决策者的决策战略增加分值。

个体决策者要想取得良好的生活品质，需要决策战略的参与。在整个决策战略中，要体现一些核心的竞争优势，以使个体决策者充实生活，获得自己想要的生活品质。企业决策者要想企业盈利、赚钱、发展，就需要制定一个颇具竞争优势的决策战略，引领企业的发展，成就最优质的企业。

不论是何种类型的决策者，在做决策时，都应在不断的创新中找到最具竞争优势的战略。当决策者拥有了竞争优势，对更好地立足市场、成就决策者的事业发展更有益处，也对开拓出美好的明天有直接的价值意义。

好战略带给人力量

一个好战略是做好一件事情的核心环节，会影响决策者的事业方向。一个高瞻远瞩的决策者，会运用好战略为自己的各项事业寻求突破口，以期找到最佳的决策方案解决问题，成就高水平的决策者。

制定一个好战略，先要明白什么是战略。许多决策人对战略的内涵认识不清，没有深刻的理解，这在竞争激烈的市场环境下是很难有发展的。个人或企业要打造核心竞争力，就必须拥有一个好战略，这样才有利于决策者的生存与发展。

什么是好战略，对于这个问题的看法是仁者见仁、智者见智。在大多数人眼里，好战略的好坏取决于战略的统一性、实践性、战略诉求点。而战略诉求点，是最有效的一种实用战略。

赵春林老师出席凤凰卫视"宏观调控下的中国房地产趋势"提出"土地和人口的二元结构必须向一元结构转化才能有效抑制房价"的科学论断

许多决策者在想一个战略时，往往面临着模式单一、内容单一等问题，使得决策者的战略在实践的过程中不具备竞争力，甚至阻碍了一件事情或一个项目的发展，这样的战略是得不偿失的。聪明的决策者，在想一个战略时，便会排除一些不利因素，尽可能地使用有价值的战略，使自己的战略更具价值意义。

决策者在制定战略时，要对市场变化持有一定的敏感性、预见性，以便制定出的战略更具实用价值。在决策者的战略中，要以客户需求为前提条件，围绕客户需求去完成一件又一件的事情，使整个战略体现其自身的价值特色。

决策者在做战略时，往往会出现多个战略，这时，就需要决策者根据自身的决策需求选择最适合自身的战略。事实证明，适合自身的战略，才算得上是好战略。

一个好战略，能帮助决策者的某件事或是某个项目做最好准备，以确保其拥有旺盛的生命力。一个战略，是对决策者所做之事大方向的一个展现，对更好地成就决策者的大方针、大战略有直接意义。

在制定战略时，应从三方面的特点着手实施。

一是洞察实相，找到战略的突破口。洞察实相，是制定战略的决策者能够发现一件事物的内在内容，以做出最具价值的战略。

二是想象力强，构建优质战略。想象力强，是制定战略的决策者立足于各方面的资源与市场，通过灵感构建一个成败未定、却有可能达到实践的战略假设。当制定战略的决策者有了这个假设后，才着手于现实数据、现实案例的研究，并用其实践假设。

三是整合资源，制定最佳战略。制定战略的决策者，可凭借战略资源构建一个能够实行战略行为的战略，使其为己所用。一个优质战略，能帮助制定战略的决策者系统性地展现战略价值，尽最大可能地实践战略价值。

与此同时，决策者在做战略时，还应借助于一定的信息数据，对所掌握的内外信息进行筛选、分析、判断，最后找一个最佳的战略方案。然而，由于每个人的认知能力、立场角度、思考方法的不同，在想方案、做战略时得到的结果也是不一样的，这时，作为最后拍板的那个核心战略决策者，就需要兼顾各方面的意见，经过分析、论证后，得出一个理想的战略。

好战略犹如新希望集团公司决策层决策者的布局战略。新希望集团有限公司创立于 1982 年，在决策者制定战略时，就十分注重大局。新希望集团的决策人认为，新希望的发展犹如下围棋时重视每一颗棋子所起的作用，善于运用各种战术抢占战略要点，使集团公司走得更稳妥。

新希望集团的相关决策者认为，做企业需要制定一个好的战略，以便集团公司在战略形势的引领下更好的发展。

2002 年初，新希望集团公司在发展的过程中，加足了后劲，从收购四川阳平乳业，再到拿下重庆天友乳业、河北保定天香乳业、青岛琴牌乳业、杭州双峰乳业与美丽健、云南蝶泉乳业等品牌，使整个集团发展壮大的同时，完成了在全国各地的布局。新希望集团公司的战略远大，一直都在寻找机会收购有潜力的乳业。到 2008 年，新希望集团公司的决策者又加强了其在北方的发展战略，一举将蒙牛、伊利为代表的一支团队收入囊中，为集团公司的发展注入了新的生命力。

2009 年 1 月，新希望乳业在准备充分之后，率先打响了第一炮，以 6450 万元的资金增持昆明雪兰 42.9% 的国有股权与"雪兰"商标，而雪兰的优质业绩也为新希望乳业提升了整体的盈利能力，把集团公司的发展推向了更广阔的整合战略中。

从新希望集团公司的发展布局来看，新希望乳业的发展方向与围棋中的"金边银角"下棋战略十分契合，这也是决策者制定的战略核心，正是一个好战略，使得新希望集团发展得顺风顺水，成就了不一样的发展天地。

大凡有成就的决策者，在制定战略时，都看得非常长远，不仅要解决当下的问题，还会为未来的发展问题做铺垫，然后一步一个脚印地实施其制定的战略，这可能也是成就他们事业的一大法宝之一。

无论是谁，在制定战略时，都要为将要实行的战略拟出一个个小目标。当小目标有了，通过完成一个个小目标，才更有可能开启大目标，而大目标实现后，决策者制定的战略也就得到了有效实行，并且，战略背后的项目也得到了全面发展。

1. 好战略，要站在市场的发展角度看问题

一个好战略，需要一个眼光独到的决策者来实现。决策者在制定战略时，应站在市场的发展角度看待问题、分析问题，以制定出一个优质的战略，以便这个战略为决策者服务，开拓一片更广阔的市场天地。

2. 好战略，应着重于布局

好战略，体现在每一次的布局中。所以，决策者在制定战略时，应充分考虑每个地方的布局，布局高妙，才能取得辉煌的成就。相反，则不然。

3. 好战略，力求实现质的飞跃

好战略在实行的过程中，不可急于求成，要走好每一步战略，当战略实施到位了，在"水到渠成"时，便能出现质量的飞跃。

4. 好战略，需要强化市场的认知度

不论何种战略，都需要在实际的过程中强化市场的认知度。当市场认知度被人们广泛获悉后，在成就一件事或是一个项目会容易得多，也

更容易取得战略上的成功。

5.好战略，要在合纵连横中扩大市场

有时，成就一件事情，仅一个战略是行不通过的，需要联合众多战略共同形成一个有效战略，从而成就想要做的事情。

6.好战略，要有一定的针对性

一个有针对性的战略，需要建立在了解决策主体的基础上，加入一些颇具价值的战略元素，以便做出的战略更有意义。

7.战略表现在行动上，主要在于实现长远目标

实践才是提升业务指数、盈利能力关键所在，而不当的战略会为整个决策带来毁灭灾难。

所以一个好战略，应落实好执行。一个好战略，如同一幅美丽的蓝图，落实在执行上，才能真正体现战略的价值。一个优质战略，对提升战略制定者的决策理论、决策战略，有实质性的意义，对成就最好的生活和事业有直接益处。

第 4 章

决策方法，
开启成功的钥匙

决策过程应着眼未来

不论是个人决策，还是企业决策，决策过程都是不可忽略的一个环节。决策过程是一个人做出高明决策的必走之路，过程规范化、合理化，做出的决策才能起到它本来的效果。决策者认真对待决策过程，对开启一个方案，找到一个可行的发展方向，有十分紧密的关系。正所谓：决策过程决定结果，决策结果又是决策过程的外在反映，是能否做好一件事情的前提条件。

决策过程，体现着决策者的态度，也是衡量决策者眼界、决策者水平高低的一把标尺。一个人的决策水平有多高，他的路就会走多远。只要决策过程不偏离主线，能够着眼于未来，给未来带给生机与活力，这个决策就是成功的。一个人来决策一件事，需要立足当下，在有所依托的前提下，实行一个合理的决策过程，未来对这件事情的收获会更圆满。一个团队来决策一件事情，需要从团队的当下制定决策方案，决策过程是规范的、合理的，在未来才会带给实质性的收益。无论是个人决策，还是团队决策，决策过程都是必须经过的一个环节，这个环节至关重要，它关乎着未来事件的动态走向。所以，走好每一个决策过程，有利于做好每一个决策，这也是决策者的基本功课。

赵春林老师

决策过程是否合理，会对整个决策结果产生直接影响。所以，决策者在制定决策时，应在科学的、合理的决策程序下实行决策，以便决策过程涉及的目标设定、方案形成、信息获取、方案甄别、决策实施等环节能够完美实现。一个完整的决策过程，主要体现在获取数据、分析信息、战略选择、计划、最后的执行与行动五个环节。目前，决策者也可借助于一定的科技工具来获取数据、分析信息、进行战略选择等，使整个决策过程变得高效。

决策过程与决策结果两者，存在一定的因果关系，过程的好坏会直接影响决策结果。所以，决策者在进行决策时，应注重决策流程产生的效果，即：决策效果应尽量避免或减少决策过程的失误。也许，在进行决策时较费时费力，但决策过程一定要保持警惕与理性，以便做出的决策得到令人满意的决策结果。

事实上，合理的决策过程会达到一种好的决策结果。不同的决策者，在决策过程中选择的方案是不一样的，但不管怎样，都应使决策过程着眼于未来。即：决策者当下做出的决策，要使未来的决策结果达到一个理想的效果。决策过程中的每一处环节，理念、想法、结果，都要有所依据，以便对未来的决策结果负责，使当下的决策更具价值意义。

小王是小卖部的个体经营者，小店的所有经营均是他一个人打理，比如小店的主营产品以哪些食品为主，每个月要达到多少营业收入。这些都是小王要考虑的事情。对小店经营的各项业务，有时也让他头疼，常常会因进哪类商品，进多少量，会不会受到顾客的欢迎，会不会滞销等问题苦恼，自己做生意，只有自己寻找解决问题的答案，决策合理，自然会达到预期效果，决策不合理，小店就会遭遇销量不畅，营业收入不达标，面临赔本，甚至关店的境遇。在其他人不能为自己出谋划策的前提下，小王要怎么办呢？

小王经过冥思苦想，找到了问题的根源：小店生意之所以遇到瓶颈，在于决策过程不规范，对于进什么货，进多少，有时是自己头脑发热，没有经过认真思考，而是想进什么就进什么，最后，使经营不甚乐观。找到问题的根源后，小王重新对顾客的喜好做了梳理，对进货的商品做了调整。随后，他盘点了小店货物，并经过客观的、科学的决策过程，把该减少的商品，该增加的商品，列了一个名单，准备进行改善，使小店起死回生。果然，经过这一阶段的试验，加之合理的决策过程，最终把小店拉回到正常的经营轨道，小店的生意也越来越好了，小王的心里自然是欣喜万分。

小店的正常经营得益于店主小王及时发现问题，分析问题，运用合理的决策解决问题，而这个起死回生的经营奥秘便是科学的、客观的决策过程，使得小店经营朝着好的方向发展，生意也是越做越红火。从这个案例可以看出，决策过程对做好一件事是多么的重要了。

任何时候，决策过程都显得非常重要，它在每一次决策中都扮演着重要身份，它的存在既有其特别价值，也有其必要性。

1. 决策过程要着眼于未来

不论是小决策，还是大决策，都不可忽略决策过程的重要性。决策者在做一个决策时，要善于挖掘各种能用的资源，使之为己所用，制定出一个科学的、合理的、客观的，且着眼于未来的决策，这中间应包括目标设定、方案形成、信息获取、方案甄别等决策过程，使决策者的决策更具实用性、可行性。

2. 决策过程要注重流程的规范性

在通往决策的道路上，决策过程中的数据获取、信息分析、战略选择、计划、执行与行动等流程，也是十分重要的一个环节，在走这个环节时，不可偷工减料，一定要严肃对待，合理规范地走完决策环节，使做出的决策在未来更具价值意义。

3. 决策过程要保持警惕与理性

决策过程中，总会遇到各种各样的问题，决策者对待任何一个问题都应保持高度警惕与理性，这样做的目的，有利于减少发生错误的概率。保持高度警惕与理性，需要去分析决策过程中一个个不利因素，将其剔出局，以便去选择最合理的决策，使决策能够取得有效运行，最终服务于未来的计划。

4. 决策过程需要不断优化和提升

不论决策者做哪一种决策，在整个决策过程中都不可掉以轻心，需要对决策过程中的环节进行优化与提升，以便做出的决策更高效、更实用、更可行。当决策过程得到优化与提升后，做出的决策结果，自然就服务于未来的决策方向了。

5. 决策过程要有一定的价值作指导

在开展决策的过程中，所做的决策要为事物本身价值做指导，以决策的发展方向、发展战略为基本点，以便做出的决策更具实际意义。

决策过程，是决策的中心环节，这个环节做得好不好，直接影响决策效果。要想决策过程在未来产生指导方向，决策者在对待每一个问题，都需要找准切入点进行有效分析，使决策过程更具可行性。

决策过程能不能着眼于未来，并不是一朝一夕成就的，需要后天的努力、后天能力的提升。当决策者各方面的素养都达到一定高度，做出的决策必然对未来产生良好影响。

总之，决策过程犹如整个决策的中心点，只要中心点明朗，中心点不偏离方向，决策于未来的方案就能有效实行，决策者所做的决策才会价值更大化，利益更大化。

构思方案要有发光点

曾经在网上看到过这么一个观点：世界虽然看起来很坚固，但只要你找到正确的那个点，就能够让世界动起来：一个顾客能够决定新餐馆的生意，一个画家能够让拥挤的地铁变得有生趣，一个招牌就决定着一家店铺的吸引力——这些个看起来很不起眼的点，有时会成为能够引爆人们思维的发光点，也可以说是亮点。同样的道理，方案作为决策过程中重要的一环，它也需要发光点。有发光点的方案如同幽深的花丛，越往里走越是芬芳；无发光点的方案犹如一潭死水，不管从哪个角度看，都是了无生趣。

方案能够直接体现决策者的知识结构、思维方式以及判断能力等综合能力，不管是个人还是团队、企业，一个好的、有发光点的方案能够有利于决策的实行，能够大大提升决策的可行性，能够影响最终的决策效果。

方案的发光点具有一定的原创性，就如微信曾经举办过"大家来加油"的活动，通过用户之间的相互加油来赢取奖励。这就是方案的一个发光点，是之前没有过的，对用户有一定的吸引力和新鲜感。在猎奇心理的作用下，参与的人数自然很多。像这样的方案实施起来才能够起到聚合作用，达到预期的效果。

艾尔弗雷德·斯隆是一位优秀的职业经理人，也是被世界管理学大师彼得·德鲁克承认的第一位真正的职业经理人。

1916 年，通用汽车公司收购了斯隆经营的汽车轴承厂。那个时候，通用汽车公司是美国第 5 大工业企业。谁知，4 年后，随着经济危机的爆发，通用汽车公司面临停产，后来被杜邦公司收购。

董事长杜邦看重斯隆的管理才能，任命他为杜邦公司的总经理。事实证明，这是一个非常英明的决定。

当时的杜邦存在着很大的管理问题，斯隆上任后，认真仔细地了解了公司内部情况，他发现了一个问题：几乎所有的汽车公司都是能人体系，决策由老板一人做主，这样一来，决策的正确与否就全由老板一人决定。但在斯隆看来："独裁的机构不可能迎来成功，因为没有人是全知全能的，只要一个人不能解决所有问题，那么独裁就绝对不是一个科学的经营手段。"

所以，斯隆根据发现的这个问题，认真设计出了一套管理方案，创建了一套管理、财务制度。斯隆的方案很有特色，他主张"政策集中、经营分散、财务独立"的管理方法。

在这套方案中，公司高层负责协调、管理以及制订公司发展的大方向、大战略；公司各部门则负责具体经营决策的实施。此外，斯隆还喊出了"为每一个钱包生产一辆汽车的口号"，为此他提出了多部门制的方案，分工负责为不同的消费群体提供他们所需的产品和服务，级别不同的经理人员可以共同管理公司。斯隆的这套管理方案标志着职业经理人时代的到来。

这些方案都具有原创性，在斯隆的参与下，通用汽车公司从一个濒临破产的企业，一跃成为世界第一大汽车公司。

　　试想一下，如果斯隆采用的还是之前的老一套管理方案，不懂得创新，没有自己的发光点，那么通用汽车公司就有可能不会发展到现在了。由此可见，构思方案既要从基础情况出发，还要能够在原有观点上创新、提升。斯隆的职业经理制度在企业管理史上属于开创之举，同样，我们不管是在日常生活中还是在职场工作中，要想让自己的方案出彩，要想得到方案实施的最大效果，就必须让方案具有发光点。

　　要想制订出具有发光点的方案，需要加强自身各方面的能力，能力提高了，方案也就自然成了。

　　1. 加强决策者自身的素质

　　有发光点的方案对决策者有一定的要求，它要求决策者要掌握与自身或者是组织活动相关的所有信息；要求决策者有识别信息优劣的能力，能够挖掘出信息中有效的部分，并能够根据这一点制订出没有漏洞的方案；决策者要掌控整个决策过程，要确保方案未来的执行结果符合预期。

　　2. 来场头脑风暴式的袭击

　　一个人一个思路，思路不同，其所想出的方案自然不同。要想构思出有发光点的方案并不是一件易事，有时候需要多人的配合。所以在决策方案面前，可以多征求他人的意见，邀请他们针对某一个问题敞开思路、畅所欲言，集思广益。在这一过程中，就很容易出现发光点的方案。

　　实行这一战略时需要注意的是：不管别人是非对错，不要随意的批判；创造自由的发言环境，让人们能够各抒己见；不过分追求质量，先累积方案的数量；允许借题发挥，思路分散。

　　3. 明确方案目的，不要过于追求发光点

　　制订方案的目的是为了决策更好的实施，所以在制订方案时，不要本末倒置，过于追求发光点，最后偏离了主题，使方案失去了可行性。了解了决策目的，才能够更好地选择方案的范围，选择好方案范围，再去追求发光点。

　　4. 匿名征求意见

　　这种方式比较适合企业、团队、组织。经过一轮讨论和策划后，选出几个比较有代表性的方案后进行匿名投票，让他们写出方案的优缺点，评估方案的可行性，然后汇总投票意见，作为方案的提升参考资料，然后依据意见优化方案，最后得出的方案就趋于完美，并且具有发光点。

孙子兵法有云：“知胜有五，知可战与不可战者胜，识众寡之用者胜，上下同欲者胜，以虞待不虞者胜，将能而君不御者胜。”其中，“知可战与不可战者胜”的意思是知道可战还是不可战的容易胜出。这句话放在我们今天也非常适用。

在今天，决策方案的出现就是判断“可战与不可战”的有力依据。要想知道这个方案的可行性，除了了解方案的优缺点外，方案本身的发光点也是评估方案可行性的一个有力佐证。方案发光点就是方案的一个创意，一个亮点。

上述案例中，斯隆独创的职业经理人制度是企业管理中的发光点，是一种成功的尝试；又比如第 17 届青岛国际啤酒节活动中，16 天的活动分五大板块进行，4 天亚洲、4 天美洲、3 天非洲、3 天欧洲、2 天大洋洲，每一个板块都会设计到相应各洲的文化历史、民间艺术等，这也算是方案的一个发光点。

总而言之，不管什么样的方案，不管什么样的决策方法，它所面临的对方就是人。人是感性、理性结合的动物，要想打动他们，吸引他们的眼球，就必须让你的方案具有其他方案所没有的闪光点。有发光点的决策方案，必然要比常规的方案有吸引力，这需要决策者或者是参与决策的人具有独到的眼光，能够发现别人发现不了的细节，能够从细节问题中突破创新，这个创新就是你方案中的发光点，就是决定你的决策是否能够先人一步制胜的关键。

决策工具可提高品质

决策者在做决策时，大多希望付出后有所回报。基于这一点，决策者在做决策时就需要谨慎对待，做出的决策要有准备、高效。决策者在做决策的过程中，若是有一种工具能利用一定的方法帮助其做决策就好了。事实上，也有这样一种工具，当你做的决策够复杂，需要一种工具来实现决策分析，那么这类决策工具就能为你所用。其中，以用于股票投资的决策工具、管理性质的财务软件等，皆能帮助决策者提供一定的决策信息，为决策者更好地做出优质决策。

决策工具的价值，在于利用决策工具有条理地帮助决策者进行战略思考，实现高效沟通，对所做决策能够较好地统一意见与看法，能高效率地实现科学化、合理化决策。

决策工具，是通往高明决策的有效武器。聪明的决策者不会仅凭自己的单薄力量，去战场做决策，大多会根据现有的资源进行大概决策后，通过决策工具来评估决策的可行性。决策工具，具有高强度收集信息、分析问题、解决问题的能力。聪明的决策者借助于决策工具开展决策，会为自己赢得漂亮的决策方案，反之，那些没有凭借决策工具力量所做的决策，既费时费力，有时还不客观，最后损失惨重，这是得不偿失的。新时代下的决策人，在做决策时，既要动用自己的智慧，也为借助于决策工具为己所用，使人的大脑与决策工具相辅相成，才能使所做的决策更能经受住考验，也才能在商战中走得更远、更稳。

决策者的水平高低与决策正确与否，大多建立在对数据信息的获取、过滤、分析等方面，这些方面的体现与决策工具有着千丝万缕的关系。决策者在进入决策环节时，为了得到科学的、客观的决策效果，可借助于决策工具实现决策。

　　决策者在决策时，会接收到数不胜数的海量信息，在这种情况下，会使决策者无所适从。决策者要怎样做才能把海量的数据转换为有用的决策信息，这时就需要决策工具来发挥作用了。决策者借助于决策工具，可以帮助其有条理地进行战略思考，高效沟通，找到可行的意见，使整个决策战略的制定与选择尽可能地达到目的。包括对一个项目的优势、劣势等方面，均有细致分析，使所做的决策更具客观性。

　　在这里，股票投资者运用决策工具做出的收集信息、分析问题、解决问题，显得十分明显。

　　1860 年以前，处于旧金山的股票投资者非常热衷于股票投资。但是，旧金山地区的投资者要想获得本地市场之外的数据，只得借助马匹或南美旅行船传递信息，这过程需要几个月的时间。也许能够满足那个时期的少数投资用户，但更多的投资者没有这个好的待遇，只能凭直觉与个人经验来分析问题，获取股票收益。

　　直到电报的发明，为股票投资者的信息收集、数据分析提供了便利。与此相应的，还伴随着一个更严峻的问题出现，即：信息逐渐复杂与庞大。据说，1900 年时期的纽约，平均每个交易日以 15 万股以上为普遍现象，这个数据在今天可能微不足道，在当时看来却是一个天文数字。要通过电报中的原始数据来分析市场，更是不可能的事情。

　　20 世纪 80 年代，有的股票投资者开发出了一类计算机程序，能够自动收集信息、分析信息，并对交易做出基本判断与回应，大大地省却了人工的劳力。这个决策工具，在决策战术上，以"程序交易"为主导方向。

　　到如今，纽约证券交易股票投资者都是通过电脑来决策运作，足以看出，决策工具为人类做出的卓越贡献。决策工具，实际是决策者的一个帮手，能帮助决策者分担各类决策数据与信息，提供出一份可行性的决策意见，供决策者选择与使用，以达到高效决策。

　　可见，决策者在做决策时可根据自身的实际需求，借助于能为自身效力的决策工具为己所用，以便科学的、合理的做出理想的决策。

1. 决策者要善于去发现为自己所用的决策工具

无论是哪些决策者，在做决策者，除了需要自己的大脑出力，需要参考他人的决策意见，必要时，也应借助于一定的决策工具来帮助自己实现决策。这种决策工具，可以是一种具体的决策分析软件，也可以是一种思维的分析方法，不论是哪一种，只要能为自己出谋划策，皆是好的决策工具，皆能为自己解决不必要的难题。

2. 决策者要敢于使用决策工具

聪明的决策者，大多会借助于决策工具，把个人决策、团队决策，推进到一个全面的高度，这中间有决策者自身的智慧，也有决策工具的一份功劳，两者结合，对决策者所做的决策才会产生好的一面。正如电脑能帮助人类下棋，机器人能帮人扫地一样，只要敢于使用，这些工具终会为己所用，从而发挥出它特有的效能。

3. 决策者要让自己的思维与决策工具同步

优质的决策者，会用自己的思维对自己要做的决策进行设想、思考、分析。当自己摇摆不定，无法投入到决策状态时，可根据思维方法，决策结果将其灌输到决策工具中，让决策工具为自己指点迷津，最终找到最佳的决策方案。

4. 决策者要强化大脑的思维能力，使之如同决策工具一般强大

决策者对某件事情进行决策时，要科学用脑，收集、分析决策数据时，要能想出各种不同的方案，用大脑思维进行合理验证后，找出每一个方案的优点与缺点，最终选择一个最接近决策结果的方案。决策者长时期训练自己的大脑思维，能帮助自己强化大脑解决问题的能力，使大脑的功能犹如决策工具般强大。

决策工具，功能强大，既能帮助人类收集信息、分析数据，还能为人们在决策时提供一定的参考意见，它虽不是人脑，但可利用一定的原理与方法，帮助人们解决不少问题。把决策工具用好了，能为人类，尤其是决策者省不少事情，如有可能，决策者可以试着用一用。

虽然，人们使用的决策工具有的尚处于不完善阶段，有关人士还在对有关工具进一步升级。但是，不论决策工具处于哪些阶段，它终究能借助一定的方法为人们提供一定的数据信息、方案选项，合理的使用，

有利于为决策者分担一定工作，对解放决策者时间、思维的局限性、数据的庞大问题有益处。所以，当决策者在做某个决策遇到瓶颈时，不妨换一种方法、换一种战略，寻找决策的灵感，找到决策依据，并根据相应的推理、思考，来做出可行性的决策。

事实上，决策工具就如同人的扶手，它的力量是不可限量的。只要你给它一个展示自我的机会，它将给你一片光明，任你纵横、任你驰骋、任你收获美好的决策结果。

抓重点，切中要害

说起决策，大多数人会想到这应该只有管理者或者高地位、重权势的人才会用到。但是，在实际生活中处处都有决策，每一个人都会成为决策者。一个科学正确的决策会使人受益终生，而一个错误荒谬的决策则可能会造成无法挽回的结果。

在日常生活中，人们每天都面临着各种各样的决策任务——小到晚上选择去哪个餐厅，周末去何地逛街玩乐；大到对自己未来的人生和职业生涯的规划。正是因为这些大大小小的决策，才成就了今天的我们。

决策者在做决策时，需要抓重点，切中要害，使做出的决策一针见血，做出的决策才会有实际价值。相反，决策者在做决策时，没有考虑当下的各种因素，没有思考当下做的决策对日后的影响，只以"人云亦云"的方式做决策，最终难以收到好的决策效果，严重的还会造成不必要的决策损失。

1880年，著名发明家乔治·伊士曼创立了一家影像公司，这就是著名的柯达公司。柯达公司拥有当时最先进的影像技术，同时因为广阔的市场上并没有什么竞争对手，所以深受人们欢迎，不仅大量的相机企业争相与其合作，还有很多用户都是它的忠实粉丝。但是这样一家曾经雄踞于照相行业的公司，却还是没有逃脱破产的命运。2012年，柯达申请了破产保护。

为什么曾经的霸主最终会面临破产？一个最要紧的原因就是，柯达在发展过程中做了错误的战略决策。可以说，因为对公司未来的规划不清晰，在决策上没有抓住发展重点，所以让柯达的业务发展越来越与市场偏离。

伴随着数字科技的不断发展，传统的胶片式成像开始越来越难以维持。但柯达虽然早就接触到了数字成像的概念，却压根没有抓住这个风口，也不知道未来的变动方向，或者说知道了，但是因为无计可施，只好继续坚守、依赖自己传统的胶片生产业务。

这样，市场不就是越来越小了吗？说到底，还是柯达公司在数字科技兴起的关键时刻，没有看到市场的发展前景，没能第一时间抓住重点，做出切中要害的决策，只是满足于传统胶片产品的发展，使得柯达公司在失去了重要的决策时机后，收获了破产的决策结局。

柯达之所以没有在第一时间抓住行业的变动方向，没有找到其中的重点，导致最终的决策没有把握住关键，主要是因为柯达的管理层对于新技术、新风口的了解太少，所以说掌控重点的能力才比较弱。柯达的大多数管理层都出身于传统行业，因为胶片产业与化学联系密切，所以大多数的高层都是化学专业的，只有寥寥几个是电子专业的相关人员。这样一来，

各个岗位的人员结构配置不均匀，缺乏前瞻性市场人才，正是如此，使柯达公司没能较好地预见市场在转型期需要产品，更别谈跟上更新技术的持续开发，正是决策层的决策失误失掉了新产品的市场份额。

相比之下，阿里的决策层却能看准市场发展前景，勇于开放阿里平台，凭着正确的决策与战略，使自己的公司成为全球前十大上市公司。在十几年来的发展中，阿里经常做出一些切中市场要害的前瞻性决策，比如外界还没怎么搞明白电子商务的时候，阿里就意识到淘宝和支付宝是两个性质的业务，可以搞成两个单独的、各自具有庞大体系的独立业务系统，于是将两个业务分开经营；在当时创立了阿里巴巴这个批发业务部门之后，明明看起来搞得还不错，却莫名其妙又将其并回到淘宝中，这个决策也是先于市场做出的，果然后来证明是有用的。不论如何做决策，始终没偏离航向，这就在于决策层始终保持着睿智的头脑，能够保证阿里整体战略的延续性、稳定性。

2017年年初，阿里巴巴集团CEO张勇在湖畔大学分享了自己战略

决策的核心秘籍。张勇认为，决策在于抓重点，在于切中要害。在决策问题上，两点间的距离最长，当你发现这个决策有进展的时候，就是需要调整的关键期了，在朝着终点走的时候，走着走着，发觉不对的苗头，就需要及时调整。换句话说，每个时期的决策，应根据市场当下的进展情况，拿出切中要害的决策方案，才能使所做的业务更有发展。

从上述案例可以看出，好的决策是在不同的时期，根据市场需求做出最契合那个时期发展的决策。只要你的决策重点找到了，决策切中关键点了，做出的决策就会行之有效，反之，则不然。

在现实生活中，怎样做决策才算抓住重点，切中要害了呢？这也是有方法的。

1. 要把自身经验与大数据分析有机地融入在一起

决策者在做一项决策时，要善于在市场转型的关键期凭借自身的经验与数据，分析问题，提出一套可行的决策方案，以便及时搭乘上转型的风帆跟上市场的发展脚步。

2. 做决策，要善于借助市场调查来评估新市场风险

必要时，决策者可以引进顾问，通过内部决策层与引进顾问的探讨，

赵春林老师在复兴商界的中国精神论坛上演讲"科学决策是第一生产力"

尤其是针对某一个问题，进入深入剖析，做出一定假设预案，进行推理，并做出适合当下发展的重要决策。

3. 完善管理团队，确保决策层的决策质量

管理团队的成员可以董事长领导的董事会组成。主要在企业发展的关键时期，能够顺应市场前景做出最合理的决策。一支优质的决策团队，能赋予企业旺盛的生命力，让企业站得更高，走得更远。

4. 最终决策人要监控决策的落实过程，使决策结果更具实效性

决策人员监控整个决策落实的时候，有利于在遇到不足之处，能够及时修正，能使所做的决策较好地推行下去。事实上，对所做的决策进行监控，也是对决策结果负责。

5. 决策者做决策，抓重点是决策的关键

不论何时做决策，都需要在市场前景的潮流下，抓重点，做出最优质的决策。符合市场发展的决策，对进一步开拓市场渠道，完善市场需求有最直接的作用。在社会瞬息万变的发展历程中，切中要害的决策方法、决策理念，更能帮助决策者走得更远、更扎实。

抓住了重点，不至于使决策者丢了西瓜捡芝麻，更多的是，有利于决策者的决策结果更具有效性。在抓重点做决策时，要善于借助一定的经验与方法，完善决策信息，使决策方案更具可行性。不论采取哪一种形式来做决策，都需要对决策结果负责。而决策的最核心要务，是利用已有的资源进行整合，使做出的决策缺陷少，风险小。

做决策时，以"抓重点，切中要害"的方式入手，既能优化决策者的决策，也能极大地减少决策失误，对应的决策结果才能有效地发挥其作用。一个优质的决策，就是要抓住重点，不断优化，直接出现一个最满意、最合理的决策方案为止。说到底，决策者对应的最重要对象就是决策者。可以说，决策者的个人能力、综合素养，直接影响着一个决策的成败。

所以，决策者自身也要加强自身能力的提升，以便在关键时刻，为各项决策提供优质、高效的决策服务。当决策者自身认真对待决策了，决策方案也能赋予一个理想的决策结果。平日里，决策者既要培养自身的决策能力，也要以科学的、高效的决策方法来对待生活中每一个大小

决策，懂得提升自己的决策能力，才能使关键时期的决策发挥出它应有的光芒，并且，做出的决策才能高效地铺就人生的成功之路。

方法不同，结果不同

同一件事情，由于是不同的人在做决策，他们采取的决策方法不同，产生的结果也是不同的。不同的人，在解决一个问题时，使用的方法有许多种，至于选择哪一种，与他们自身的认识能力、感悟能力、解决问题的方法，皆有一定的关系。正如，三个年龄相当的人创业，由于他们的人生感悟、社会阅历、认知能力的不同，在解决一个问题的时候，也会有不同的考虑，正是如此，他们做出的成绩也是不一样的，一个人因方法得当，判断力强，把企业越做越大，一个人因业务尚可，开出了一家不大不小的公司，一个人因方法不当，使得业务萎缩，最终不得不关门大吉，这些都是有可能的。这些，都是因为不同的人在创业的时候，各方面的差异，使用的方法不同，得到的结果也是不同的。

决策方法千种万种，方法不同，收获的结果也是不同的。

决策者使用一定的决策方法，可以获得一定的决策结果。至于决策结果，是不是理想型的结果，与决策方法中的价值观、方法论、侧重点，有很大的关系。决策者对决策结果的需求不一样，得到的结果也是不一样的。

决策方法，是决策者在做某个决策时综合运用各种资源，实现的一种决策结果。决策方法在开展的过程中，具有一定的客观性、正确性、预见性，对决策结果产生直接作用。

不论是谁，面对各种各样的选项，各种各样的问题，在做决策时，因为分析不到位、考虑不周全，就会导致顾此失彼，做出的决策也难免不尽人意。之所以出现这种情况，是有原因的，因为每个人侧重的点不同，思考的方式不一样，解决的方法不一样，得到结果也就不一样了。

小华出身于城市，大学时在首都北京上的学。大学毕业后，想去国外开开眼界，他把目的地定在"美国加州"，他查阅了相关资料，了解了那边的气候、生活成本、医疗、娱乐、艺术、收入等，最终选择去了美国加州。两年时间过去了，小华在加州的年收入能达到 6 万美金，在美国算得上是中产人士了。而且，他能做自己想做的事情，在工作的过程中，还交了一个志趣相投的女朋友，小华对自己的生活甚是满意。

小文出身于农村，从小在青山绿水的环境中长大，大学时在省城上的学。大学毕业后，也想去国外开开眼界，当时，他左思索，右思考，最终把目的地定在"新加坡"，他听朋友说新加城适合生活，生活成本不高，生活压力小，还能赚钱，开阔视野，于是去了新加坡。在这里，小文拿到了 4000 新币起薪，虽然工资不高，但他能感受到不一样的异国风情，享受到不同于国内的自然景观，这是他最开心的事情，生活也算自得其乐。

小华与小文同是去国外工作和生活，由于他们自身眼界与追求不一样，去的国家也是不同的。但是，不管怎样，适合他们自己的生活，就是最好的选择。

不论是小华还是小文，在为自己的未来做决策时，都用到了几种决策的方法，这些方法在一定程度上帮他们指引了道路。其中，以价值分析法、直觉法、决策权重法为主。他们通过用价值分析法，筛选出了适合了他们工作和生活的城市；用决策权重法，对自己的未来做出了明晰的、高质量的决策；用直觉法，去做着自己喜欢做的事情。

正是这些不同的决策方法，使他们做出的决策有所不同，而收获的决策结果也是不同的。由于决策结果存在一定的差异，但是却符合他们自身的价值倾向，是他们自己去选择的前行道路，这也就无可厚非了。反之，自己运用的决策方法不能达到理想的生活状态、工作状态，就需要自己反思了，直到找到一条适合自身未来发展的决策方法，享有一种自己喜欢的生活状态、工作状态，才算完美。

1. 价值分析法为你的价值观打气

无论是谁，在对一件事做决策时，都持有一种价值观。这种观念倾向于自身的价值理念、价值需求，做决策的时候，要把这个点重视起来，

赵春林老师

将其融入到一定的信息数据中，进行设想与分析，得到一个决策方向，最终根据这个方向做决策，以便做出的决策更符合自己内心的所思所想。

2.决策权重法为你的决策开辟新的道路

善于运用决策权重法进行决策，有利于做出高质量、高水平的决策。只是，这种决策在首次使用时，需要投入一定的精力，之后能够加大决策速度。以决策权重法做决策时，要注意一点，即：要想把今天的决策模型灌输在明天的决策中，不会对周边的环境因素产生很大变化。

3.最直接的直觉法为你寻找决策方向

决策者在做决策的过程中，会面临许许多多的决策方法，不论哪一种决策方法，都没有直觉法那般省事、直接。直觉法，是决策时所用的"自动化"决策。这类决策，不用花费太多的心思去收集数据、分析数据，单凭决策者的个人经验，个人偏好，便可直接做出决策。直觉法决策适合小型的、不太复杂的、紧急类决策。在品评艺术时，大多会运用直觉法。即便如此，以直觉法做决策时，还是要对每个部分进行逐个分析，经过客观评析后做决策，这样的决策才会确保质量。

决策者在对一件事、一个项目做决策时，方法是千万种的。不论使用哪一种决策方法，都应本着"严谨"的态度来做决策。在决策方法上，不同行业、不同事务应使用不同的决策方法。比如，杂志社在发行杂志时，以多少量为最佳，这时就需要研究杂志的阅读人群，可借助于一定的决策模型来实行决策，这也是一种决策方法，以这种方法进行决策也能大大地提升决策质量。

还有一些专业人士，他们在做决策时，会对决策过程遇到的问题做一个基本框架、收集一定量的信息、明晰各要素之间的关系。之后，对这些元素进行评估，确定一个正确框架、完善信息，并遵循一定决策法则做出决策。以这种方法做决策，十之八九，离理想的决策结果都相差无几。

所以，不论是谁做决策，都应根据实际情况，找到适合自己的决策方法，并根据决策方法来收集信息、分析问题，寻找决策路径，做出几个接近于决策目标的方案，再对这些方案的优劣进行逐一分析，再挑选出最终的决策方案。决策，有小决策，也有大决策，无论是其中的哪一种，决策者都要认真对待，当你认真对待这个问题时，决策结果就会给人意想不到的回报。因此，决策者要想对自己负责，一定要先挑选合适的决策方法，只要方法到位，过程合理，决策倾向符合你的价值观，是你想要选择的方向，那么决策结果也就是你理想中的结果。

优胜劣汰，适者生存

在许多公司的发展历程中，要想取得长足的发展，无论是合作对象，还是员工招聘，均采用了优胜劣汰的方法对其实行"用与不用，留与不留"的决策，并最终选择了与企业价值理念契合，适合企业发展的合作对象合作，留下了能力强、忠诚度高的员工。从这一点足以看出"优胜劣汰"在决策时的重要性了，也见证了适者生存的真谛。决策者在做决策时，以优胜劣汰为选择原则，对自己的选择有利，也能使自己的发展有好处。

在做各类决策时，优胜劣汰决策法也是一种不错决策。它能够运用一定手段，帮助人们找到最佳的解决方案。

优胜劣汰，需要把许多种决策方案放在一起，并对每一项方案进行分析，最终以优胜劣汰的决策方式做出决策。决策者以"优胜劣汰"的

赵春林老师出席其策划的耒阳百岁城签约仪式

方法进行决策时，要重点分析待选选项中的优点与缺点，根据决策的需要进行筛选，选择最令自己中意的那个选项，即以理性的头脑，选择优质类选项，使自己做出的决策更理想。

有一个名为丹佛的警察局，负责人局长提出更换警官手里的子弹类型，即：把先前抵抗嫌疑犯的子弹更换为"中空弹"。这个提议一提出，不少市民团体表示反对。他们认为，中空弹会加大嫌疑犯的受伤程度，这是万万不能接受的。就在提议陷入僵局的重要时刻，市政府找到科罗拉多大学的顶尖决策者哈蒙德。

哈蒙德与自己的团队接受了这个挑战，他们准备用正规的分析方法为有关部门做出合理决策。他们逐一分析了市长、市议会议员选用"中空弹"的社会价值，重点分析了制止犯罪嫌疑人的有效性、致伤程度、对旁观者的威胁程度。随后，他们召集了武器专家、弹道专家、创伤弹道专家作为代表，对致伤程度、威胁程度等进行科学试验。接着，哈蒙德带领团队成员把社会价值判断、数学模型进行了有机结合，得出了"第三类子弹"的结论。即：与丹佛警察局提倡的子弹相比，第三类子弹用于抵抗犯罪嫌疑人更具有效性，且不会加大致伤程度、对旁观者的威胁性更低。

最终，市长、丹佛市议会、丹佛警察局、市民团体，使用了哈蒙德等人制订出来的决策。虽然，第三类子弹也属于"中空弹"领域的武器，但他们属性价值却得到了众人的一致认可。当第三种好的决策方案出来后，事情自然就得到了有效解决。

优胜劣汰类的决策方法，实际是一种理想型的解决方案。这类解决方法，能够较好地弥补其他方案的不足。在开展优胜劣汰类的决策方法时，决策者要把人们重点关注的问题放在第一位，同时忽略其他不太重要的因素，在这个基础上进行分析、比较，把不符合标准的因素拿出去，其他因素放在次重要的因素上进行衡量，对不符合标准的因素再次拿出去，直到最佳的决策方案出现为止。当最优质的决策方案出现后，问题自然得到合理解决。

决策者在做决策时，方法有很多，但是令人满意的决策方案却不多。要想以高效的决策方法制订出合理的决策方案，需要运用几个策略来解决决策方法中出现的不足。

1."补偿式策略"可对不满意的决策结果进行弥补

补偿式策略，是决策者对已经做出的决策进行优化，对决策结果中存在的问题进行分析，找到问题的关键之处，并以其他的决策元素进行替换，达到弥补的效果。在开展"补偿式策略"的过程中，决策者要善于选择那个最受众人欢迎的元素，敢去放弃那些略逊一筹的决策元素，以便做出的决策贴近于事务本身的价值取向。

2."逐层筛选策略"可令决策更高效

逐层筛选策略，是在几种较优质的选项中进行分析、比较、筛选，把不符合标准的选项拿出来，再把其他剩下的选项再一次进行淘汰，直到出现最优质的选项。此时此刻，逐层筛选策略才算真正完成自己的使命，决策方案也才真正得以落实。

3."对决程序"可令决策处于优质状态

对决程序，是把某一个选项中的元素与另一个选项中的元素进行比较，胜出的选项元素与第三个选项元素进行对决，以此类推，最终获得最佳的决策元素，使之作为优质决策。以这种方式做出的决策，更能经受各种现实问题的考验，也更能满足于决策方案的结果。

优胜劣汰决策法，是较普遍的一种决策方法，以这种决策法做决策，高效，实用，且能确保决策质量，是一种广受众人欢迎的决策方法。在日常生活或工作中，个人决策者、团队决策者，均可使用"优胜劣汰"决策法，一方面，它能帮助人们剔除不利的决策元素，另一方面，它也能协助人们找到最佳的决策方案，是一种非常实用的决策方法。

在现实生活中，人们不管是买产品，还是比质量，均使用了"优胜劣汰"决策法，这种方法对产品的选定，质量的确定，更直接、更高效。"优胜劣汰"决策法，选用的选项有很多，经过激烈的竞争后，留下最有力量的那个选项作为决策，而这个决策也是理想中的王者，能为最终的决策结果负责，也能让人们收获到理想的决策结果。与此同时，"优胜劣汰"决策法，在企业员工的业绩管理中运用得最为普遍。一个完善的企业有很多个部门，其中最具效益性的部门就是业务部，这个部门直接影响着企业的生死存亡。正是在这样的前提下，管理人员在管理业务部的员工时，均是以数字说话，业务目标不达标的，直接采用"优胜劣汰"的方式进行淘汰，使企业业务部的业绩始终处于最佳状态。这样做的目的，一是确保企业有足够的生命力运营下去，二是让企业的人才始终保持优秀的状态，这对发展企业很有好处。

运用"优胜劣汰"决策法，有利于决策者更好地朝着高效的决策方向前进，能够减少决策者走弯路，对直接到达目的地有一定的促进作用。

"优胜劣汰"决策法，带着一种狼性的特征，要始终保持着战斗着的姿势。不论在何种境遇下，都要以最好的状态面对一切，这样才能让对手有所畏惧。因为，一旦遇到不佳的状态时，就很有可能被人拉下马，到时想后悔也来不及了。所以，不论何时何处，决策者做的各项决策都应是最优秀的，只有优秀才能立足山头，只有优秀，才能比下其他决策者的方案，只有优秀，也才能使自己变得更强、走得更远。

在通往成功的道路中，总会与"优胜劣汰"法则，一较高下，所以，不管你处于人生的哪个阶级，都不可放松警惕，时刻准备着与你的对手较量，时刻用"优胜劣汰"的法则衡量身边的事务，这对自己拥有更好的人生、更好的生活状态有好处。

第 5 章

个人决策，
应彰显智慧

个人决策制胜策略

日常生活和工作中，人们会遇到各种各样的问题，这些问题都需要人们依据一定的决策策略，做出一个有效的决策。在开展个人决策制胜策略时，会涉及演绎逻辑思维、数据方法、概率分析等方式，以做出最佳的决策结果。

个人决策，又称"个人决策主体"。个人决策在实现的过程中，凭借决策体系而享有决策权的一种决策。个人决策在体现的时候有两层含义：

第一层含义是做某个决策时，决策结果是某个人独立做出的，个人决策者对决策结果负总责；第二层含义是做某个决策时，决策结果由群体做出。而单独的个人仅是决策群体的一员，个人决策者只对决策结果起部分作用。

个人决策的正确与否，会直接影响一个战略是否能够顺利实施，而正确与否在落实的时候又会深受决策方法的影响。个人决策在做一个决策时，带着灵活性、时效性、责任性、低成本的特色。而个人决策也会因民族、价值观、文化的不同，而做出不同的决策。但是，不论是何种类型的个人决策，都是在于发现问题、了解问题，从而找出合适的应对办法做出的决策。

赵春林老师多次出席大学生就业形势会议并发表演讲

我认为，个人决策最大的问题来自于，我们很容易受到主观因素的影响，最终导致判断不够客观；我们也很容易因为消息不够广泛、眼界不够开阔，无法做出全局性的决策。所以，个人决策的制胜策略，其实就是针对性地解决这两个问题。当解决了，你就可以成为一个独立做决策的人，成为一个顶三个的"诸葛亮"。

个人决策主要体现在个人制定的决策方案能否解决一个个问题，使决策者的决策价值产生最大化。个人决策在实现制胜策略的环节中，会受到很多方面的因素影响。不论遇到何种困难，均要做出准确、高效的决策。

个人决策往往伴随着我们一生，很多大事都需要我们自行决策，而决策的结果会产生相当深远的影响。

正是朋友的儿子小柯让我意识到，个人决策其实在我们的人生中时刻都存在。小柯今年刚刚高中毕业，按理说还没有到了谈"决策"的时候，但他就已经要面临一个重要的、需要独自去做的个人决策了——选择读哪一所大学、哪个专业。

在这件事上，朋友将选择权和决定权都交给了小柯自己。当然，他也提供了大量帮助，尽可能地收集各种职业的特点、就业情况、发展方向和从业利弊，为此甚至在朋友圈里搞了一个调研。

然后，这份信息给了小柯，成为他做决策的基础。后来小柯说："这个信息真的很重要，我本来不懂这些职业的问题，是看到了信息才明白，原来很多职业和我想的并不一样。"

这启发了我——做个人决策的时候，信息的重要性甚至比团队进行决策，或者做企业决策之类的更高。因为个人决策最容易短缺的就是信息，所有大量的有效信息对决策影响很大。

而小柯了解了不同的职业之后，自己去对比了各个大学、不同专业之间的排名和特色。他很清楚自己要什么——要去一个喜欢的专业，要选择一个符合自己成绩、专业实力强的大学。

我很欣慰，这是个知道自己要什么的人。有些人在做决策的时候，因为不懂得自己要什么，所以个人决策做得一塌糊涂，做完了才知道后悔。但是小柯不一样，在整个过程中他都是有目标的。最终他选择了一个专业排名比较高的大学，而大学的名气不是顶尖的，所以他的分数比较稳。

小柯去了理想的大学，这个决策至少在现在看来，是正确的。我想到我当年的选择，不管是专业还是学校，几乎都是在不太了解的情况下随便选的。而这种决策，只能自己做出，没有人可以代替，所以我的不了解、我在做决策上的轻率，也让自己没有进入到喜欢的专业中，成了一生的遗憾。

相信自己，你的个人决策绝不是可有可无的，也不是随便做做就可以的。也许在短期来看，个人决策既不能帮助你立刻获得利益，也不能让你的企业盈利，但它是与你的人生息息相关的，而你的人生怎么发展，也会影响到你的事业、你的薪酬、你的家庭……所以，个人决策应该是一个人要最谨慎的，如果你的个人规划都一塌糊涂，还怎么过好家庭生活、在事业上获得成功呢？

结合经验，我认为个人决策的成功要点，有下面几个：

1. 注重决策标准，是制定决策方案的有效标尺

个人决策者在制定决策方案时，需要依据一定的决策标准，使做出的决策有据可依，做出的决策方案也会更明确、更有价值。决策标准在体现的时候，是客观的，也是主观的。在制定决策方案时，不确认一个问题和确认一个问题显得同等重要，它是以决策结果为前提条件的，所反映的是一个决策者的想法与关注的重点，也是决策者决策方案的重点所在。

2. 个人决策，应建立在完善的信息与知识的前提条件下

不论做何种类型的决策，个人决策都应依据大量的信息与知识，找到决策方案的重点，做出有价值的决策，以减少决策失误的概率。

3. 个人决策的决策结果，是为了达到某种目的而做出的决策

个人对决策结果满意与否，主要体现在检验的决策结果标准属于哪一种，是公认的、自认的、历史检验的等。当个人决策策略在决策结果中出现偏差时，应及时给予修正，通过合理的决策流程、制胜策略，制定出一个与决策者心目中相近的决策结果，决策效果也就实现了。

4. 个人决策注重权衡利弊，以便做出精准决策

个人决策者在做决策时，考虑的问题有很多，凡是与决策相关的元素，都要充分考虑与分析，从中找出最具价值的决策信息、决策数据，经过权衡利弊后，做出的决策才具有可操作性。

5. 个人决策，应提升决策的品质

个人在做决策时，会有多种方案供决策者挑选，此时需要对每一个准方案进行分析与评价，找出最佳决策方案为己所用，以实现决策的最大价值。

个人在制定决策时，应掌握好决策策略，通过合理的决策途径、决策方式，制定出令人眼前一亮的决策。这类决策方案，既能为决策者个人带来一定的决策价值，也能在实现决策结果时，令决策者收获意想不到的结果。这样的决策，才算得上是高品质的决策。

直觉在决策中的玄机

前面我们一直在强调，做决策要深思熟虑才能尽可能提高决策的正确性，在这个时候突然说"直觉"也是做决策的重要一部分，是不是很

多人都感到难以置信？

对于团队决策来说，"直觉"是相当不靠谱的。因为团队中的决策者往往不会只有一个，多个专业人士在制定决策方案的时候，已经可以给出一个靠谱的、可观的决策内容了，所以这时候直觉起到的影响力有限。

但是个人决策就不一样，仅仅依靠自己的力量，在做决策时，会被复杂的信息所包围，往往因信息过量、决策方式不合理，导致做出的决策存在一定的局限性。在这种情况下，首先就不可能保证团队决策的那种完备性。

也就是说，你没有底气说——我的决策就一定是对的。但是团队决策，正确的概率往往会高一些，也难免有人说"三个臭皮匠，赛过诸葛亮"了。

而且，个人决策者往往会遇到一些自己解决不了的问题，自身的能力、见识不足以做出客观的决定，这时候"直觉"就可以派上用场了。

其实，直觉未必不客观，我们所说的"直觉决策"，一般不是对毫无了解的事情去用直觉来做决策，而是在有过一定了解、但就是无法决策的时候，才会用到直觉。在这种情况下，我们往往已经客观地认知事物了，潜意识里留下了一个最深的印象，可以指导自己撇开细枝末节，快速抓住事物本质。

在这种情况下，直觉决策就有存在的必要了。特别是如果一个人优柔寡断，经常在不确定、无法下结论的时候左右摇摆，就是不知道该怎么决策，此时最适合利用直觉。因为如果你还要犹豫下去，说不定就要错过良机。

所以，直觉决策并非适用于所有情况，也不是人人都适用，而是需要特定的场合和对象。很多时候我都觉得，直觉决策不妨称之为"果决决策"，是最适合那些摇摆不定的人的。

总结下来，对个人决策者而言，在以下几点会用到直觉决策：

1. 身处的决策环境中存在高难度的不确定性。

2. 手里的信息十分有限。

3. 不能科学有效地对变量实行预测。

4. 没有可考虑的决策先例。

5. 手里的备选方案都不错。

6. 要求在短时间内做出决策。

以上情况，决策者为了高效率做出决策不得不选择直觉决策，也是做出决策的最好出路。

所以你会发现，直觉其实对于个人决策而言还是有一定用处的。在决策的关键时刻，直觉会给决策者抛砖引玉，有的直觉，有利于更好地做出决策，有的直觉，需要参考一定的数据进行分析，而后做出的决策才能起到"对症下药"的作用。直觉在发挥作用的时候，可以帮助决策者处理一些线索，忽略一些不必要的线索，使整个决策信息能够快速地进入决策通道，尽快做出优质决策。

没错，直觉决策就是要"尽快"，这往往是直觉决策能带来的最大优势。

朋友亚飞曾经是一个性格比较犹豫不决的人，经常会因为摇摆不定、不知道如何选择，而最终放弃难得的机会。举个简单的例子，前阵子亚飞说要炒股票，当时我们身边的资深股民给亚飞推荐了几只股票，告诉他未来一段时间肯定会涨。

亚飞观察了一段时间之后，迟迟不肯下手。因为他觉得自己还不够了解，轻易不敢出手。对于亚飞这种谨慎的态度，我是很赞成的。

然后他深入了解了一阵子，从中选出了两只股票，恰好在某天，股市板块轮动，这两只股票都有涨起来的机会。

亚飞纠结犹豫了一个上午，也不敢下手。我问他为什么，他告诉我："我觉得，A股下午一定会翻红，现在低位买入，赚的肯定比较多，不过也不一定，万一有风险呢？要是B股，就是跟风买，虽然赚的不会很多，不过我认为是不会赔钱的。"

也就是说，两只股票各有利弊。别看亚飞分析起来头头是道，但是一到了抉择的时候，他就立刻不知道该怎么办了。

对于亚飞来说，做决策并不难，他有谨慎的性格、细致的观察能力，也有良好的分析能力，甚至连学习能力也是一等一的——不然不可能快速地掌握两只股票的趋势。但是，亚飞缺乏果断性，所以当决策过程中需要选择的时候，他就会犹豫。

犹豫来，犹豫去，最后亚飞一直没有出手，结果下午两只股票全部都翻红了，亚飞错过了上车的机会，只能看着别人大赚特赚。

玩股票最痛苦的是什么？就是我预测对了趋势，但是没敢上车。这就是决策习惯的一种体现，你能分析、会判断，但就是没有决断力。在这种情况下，我认为直接凭直觉下手是很有必要的。不要犹犹豫豫、瞻前顾后，你才不会错过机会。

在我的建议下，亚飞学会了直觉决策，每当自己犹豫不决的时候，就不多考虑，而是凭借直觉选择其一。因为他素来谨慎，有直觉的时候往往都是"十拿九稳"的，在这种情况下，直觉决策让亚飞学会了更加果断，反而能掌握到不少好的时机。

直觉决策在实现的过程中，所用的时间较短，可能这个过程不会令决策者产生一种有意识的行为，但却是一个完善的信息处理过程，需要决策者对以往的经验与当前情景进行加工，使之得出一个可行的直觉决策方案。

怎样做直觉决策呢？

1. 直觉决策其实是"厚积薄发"

正确价值观，是做好直觉决策的核心。一个人的价值观，往往会影响这个人的决策选择。而积累经验，是做好直觉决策的良师益友。大多时候，决策者在面对十分熟悉的东西时，才会在脑海里产生直觉决策。那些高水平的决策者，做出的直觉决策大多是建立在积累大量经验的基础上的。

对于完全不懂的事务，我并不推荐进行直觉决策，这真的就是"听天由命"的决策了，对于一个理智的成年人来说并不是好习惯。除非非做不可，否则你的直觉决策一定要在自己有一定了解的领域。

2. 习惯犹豫或者过于谨慎，多做直觉决策

我们前面说过，一个人犹豫不决的时候，更需要直觉决策，因为这一方式可以帮助你斩断自己的过虑之处，快速、及时地做出适合当前情况的决策。

而过于谨慎的人，往往习惯犹豫，也很需要直觉决策。

如果你是一个果断的、冒险型的决策者，做决策时由于自身对做出的决策结果较乐观，做出的决策会对自身能力过高估计，即便做错了也不会后悔。在这种情况下，当你遇到诸多不确定的因素时，会大胆冒险，以直觉的方式做出决策。

如果你是一个谨慎型的决策者，做决策时由于个性谨慎，做出的决策会以减少损失为目标，会尽可能地选择避免过大损失的决策结果。这种人往往比较保守，不喜欢凭借直觉做事，而是宁可不做、以静制动，也不轻易出手。

但是，关于直觉决策，我要给出的建议是——冒险性决策者，少做直觉决策；谨慎型决策者，多做直觉决策。

俗话说过犹不及，一个习惯冒险的决策者，在不需要直觉帮助的时候就已经承担了很多决策风险了，反而需要"刹住"；一个谨慎的决策者，多半都会因为谨慎而错过很多机会，哪怕心里知道大概率是有利好的，也不敢果断决策，此时就应该有一种直觉决策的勇气、一往无前的精神。

3. 学会记录灵感，可以帮助你培养直觉

为什么女人的直觉比男人强？从研究中可知，因为女性习惯于接收环境中大量的细节信息，而男性则是单刀直入、开门见山的思维，永远围绕着一个中心转。因此，男性会忽略细节，也就不容易在潜意识中进行思考；女性潜意识记住了细节，所以能产生"直觉"。

经常观察细节、学会记录你的灵感，可以帮助自己关键时刻进行直觉决策。决策者的灵感，在产生时具有一定突发性，它会出其不意地降临。大多时候，决策者或散步，或闲谈，或触碰到某些事物，均有可能产生灵感。当灵感出现时，我建议大家用专门的本子记录下来，防止时间久了遗忘。平时没事多翻看这样的灵感记录，有助于你从细节上去思考问题，从而产生直觉。

直觉是决策者通往决策结果的一条有效途径，把握好决策时机、决策要点、决策核心，可引导决策者在直觉决策的环境下做出优质决策，从而为决策者服务，成就高水准决策。

该放手时不犹豫

随着社会的进步、科学技术的发展，人们遇到的各类决策问题也相应出现。在做决策的过程中，有的决策是简单的，有的决策是复杂的。不论简单复杂与否，都需要决策认真对待，做出最有水平的决策，为己服务。而这一节我要说的是，学会在决策中"放手"。

一个人如果会做决策，就知道什么时候该"止盈"，什么时候该"止损"，这就是个人决策的重要能力。能够止盈的人，不贪婪，不会因为胃口太大、想要的东西太多，导致自己错失抽身的机会，连本来得到的东西都失去了；能够止损的人，懂得权衡利弊，不会因为不舍得，导致必须舍得更多。

我这么一说，可能大多数人都会想到——这不就是投资的思维关键吗？比如在炒股或者买基金的时候，肯定有人经常接触到"止盈"和"止损"两个词，这的确是主要存在于投资领域的思维。但是，人生难道就

第十六届孔子国际博士节留影

不是一场投资吗？你的人生规划，也应该学会这种策略方法。

比如我之前认识的刘女士，结婚两年，还没有孩子，而她和丈夫的感情已经很不好了。她的丈夫在结婚后没多久就常常夜不归宿，经常喝得酩酊大醉才回家，早早就显露出酒鬼的本质。在这种情况下，刘女士倍感烦恼和厌恶，甚至都不愿意回家看到她丈夫喝醉的样子。

我多次劝她，该放手的时候就放手，趁着还年轻，及时止损。如果现在不离婚，难道要等到以后年纪大了、青春不再，甚至还有孩子牵挂的时候再离婚吗？可是刘女士就是不听，她觉得自己离了婚就丢人了，以后再结婚也会被嘲笑"二婚"，所以犹犹豫豫，总是抱怨完了又回家忍受。

这就是不懂得止损。她的婚姻决策，就是因为不肯面对已经"赔了"的事实，所以越走越错。由此来看，谁又能说婚姻、家庭与其他个人生活，是不能用决策解决的呢？

能在关键时刻干脆地"止盈"和"止损"，就是懂得放手的人。该放手的时候，可千万别犹豫。不可过分地计较一得一失，能够准确掌握收放的点，我们才能使决策的价值最大化。事实上，个人在依据一定的方法做出决策后，在实现决策的过程中应懂得收放自如，知道什么时候该出手，什么时候该放手，使做出的决策结果更好地为自身服务。

做任何项目都要懂得分寸，清楚什么时候该出手，更懂得什么时候该放手，尤其是在投资上，这一点表现得更为明显。投资者在做一个项目时，可先为自己设定一个亏损底线，可以是1万美元，1000美元，或是1亿美元，以投资者能够接受的底线为准。当在投资的过程中一旦达到设定的底线时，就需要及时收手，不可有半点犹豫。

华尔街有一位投资者，以每股100美元的股价买了一只股票，但是没有多久，这只股票的价格一下子狂跌至75美元，这令他不知如何是好？此时，这个投资者的经纪人对他说："这只股票涨势不好，赶紧抛掉吧？"投资人思考片刻说："这么低的价格抛掉不划算，还是让它涨点再抛。"很多时候，那些明智的投资者都懂得什么时候放手，而身在局中的这个投资人可能还没有意识到这一点。就在此刻，经纪人又说："我们换个角度来看待问题，若是现在有人愿意以 75 美元的价格卖给你，你会买下吗？"投资人听后斩钉截铁地说："当然不会。"经纪人说："可你明明就是这样做的。你不同意以 75 美元卖出这只股票，实际上就是用 75 美元买下了这只股票。"听了经纪人的一番说辞，终于恍然大悟，也终于找到了最佳的决策方案。

同时，这件事情让投资人明白：凡事都要为自己设定止损点，一旦突破止损点，就应该采取止损法合理止损，这样才不至于亏损太多，这也是个人决策的制胜法宝。

个人决策者做决策时，有时会因为身在当局者的局中，看不清问题的实质，这时，就需要决策者跳出局外来看待问题、分析问题，以便在关键时刻做出最佳决策。大多时候，那些英明的决策者为了避免这一问题的出现，会事先拟订好解决问题的应对方案，这类方案是自己可接受的方案。一旦问题出现，就需要决策者"对症下药"，使自己做出的决策能够解决实质性问题。尤其体现在决策是否该放手时，不会盲目贪图更多的利益，执意不肯放手。因为，有时放手是另一种获得利益的关键之处。只有拿得起放得下，才能成为最后的赢家。

1. 决策之前，给自己设置一个止损和止盈的点

不会放手的人，不仅不会止损，也不会止盈。所以，得到的越多他们就越贪心，明明危险临近，也不舍得放手，失去越多就越不甘，就算前面是悬崖峭壁，也不甘心地想试一试。

从心理学上讲，这是一种普遍效应。一样物品，如果它不属于你，你对这件物品的评价就不会太高，不会觉得它很值钱；如果你买下了、投资了，它属于你了，你就会提升内心对它的评价，并且希望它更有价值。所以，人们往往出现无法止盈、止损的情况，该放手时还抓住不放。

比如股市上，明明该抽身的股民，就是杀红了眼一样还不肯走，比旁观者要糊涂一万倍，这就是因为身在局中，受到了上述心理效应的影响。要避免这个问题怎么办呢？你应该在决策之前就想好，什么范围内

止盈、止损，提前给自己设定一个必须放手的点，并且将其当成原则——不管心里多么不想放手，只要到了这个点，就必须做决定。

这样，你在决策过程中就会更客观、理性，不会受到情绪困扰导致无法抽身。

2. 要理解决策要点，才能使决策结果更具可行性

抓重点的能力，不管是做决策还是日常工作，都应该具备。要理解决策要点、抓住重点，首先得有总结能力，懂得从众多信息中筛选出最主要的内容，其次就得有信息的前瞻性，能够看出趋势，找到未来发展的方向。这两个方面缺一不可，不然不一定能找到要点。

3. 学会放手，就要保持极其客观的态度

客观地看待决策问题，是指决策者对待一个问题不纠结，能够一针见血地看出问题的本质，透过本质找出最佳的应对办法，以便做出的决策具有可操作性的意义。

4. 找个外援，监督你的决策执行

不论做何种决策，都希望把个人的损失降到最低。个人决策者在做决策时，往往会因为个人能力受限，使得自己看不清一些利害问题的关键，此时，个人决策者就需要寻求外援，这个外援可以是你的亲人，也可以是你的朋友，不管是何种类型的外援，都需要能够客观地看待决策问题的本质，以便为你提出最具价值的参考意见，使你的决策更具可行性。

5. 要多方面寻求解决的办法

个人决策者在做决策时，面临的问题是多方面的，不论有哪些问题，都需要决策者认真对待，善于从资料收集、数据分析、决策方向方面找出应对办法，通过一个个关口，最终找出最佳的决策方案。

要把眼光放得长远一些，在为某个问题、某个方案找出应对之策时，要把握好决策要点，使做出的决策一针见血，能对某个问题、某个方案产生最直接的益处。与此同时，个人决策者在做决策时，应从大局着想，从小处着眼，对一些细枝末节不纠结，使做出的决策更合理，以此才能展现个人决策者的决策价值。

自己做决策，自己负责

人类之所以能够主宰万物，就在于人类能够运用思维、决策能力，做出生活中、事业中的各种决策。对于个人来说，做决策的过程中很重要的能力，就是懂得"负责"。在做决策之前，你要有负责的勇气，做决策时，要始终能把控事态发展，确保自己能够负担哪怕是最差的结果，做完决策，也要有面对成果的责任心。所以，自己做的决策就要自己负责，这个态度在个人决策中相当重要。

有些人之所以不会做决策，并不是缺乏分析判断能力，甚至也有最终果断选择的能力，可总是无法真正将决策付诸实践，就是因为缺乏"责任感"。不懂负责，不敢负责，觉得自己负不起责，所以才做不了决策。这种人，是没有担当的，在团队决策中无法挑大梁、成为领导者，在个人生活里也难有成就。

你想想，天塌下来那是领导者顶着，你的生活也只有自己能负责，如果你连对自己的决策负责的态度都没有，怎么成功？怎么去扛起一个团队，去帮别人顶一片天？不可能。

所以，"修身齐家，治国平天下"说得一点都不错，你得先做个对自己负责的人，才能成为领导。学会个人决策中对自己负责，对一个人的决策影响是很深远的。

在人的一生中，要做出许许多多的决策，有正确的决策，也有错误的决策，不管你的决策正确与否，都应为自己的决策负责。对自己的决策负责，是你要把握主动权，以积极的心态去面对你要决策的问题，并不是被动地等待，并对做出的决策负责到底。

当一个人置身金融市场时，为了止损，或是获得更多的收益，就不得不去做决策。在做决策的过程中，一定要理性地看待问题、分析问题，并做出最佳的决策结果。

前阵子，有个朋友给我推荐了智能化理财服务，我看了看，发现这是个很有趣的项目。

智能化理财，也是金融市场的一个理财平台。智能化理财在实践时，是建立在数据分析的基础上对用户手里的日常财务、投资概况给予分析、判断，并融合调查问卷的形式对用户的投资行为进行评估，为其提供合理的消费预算、投资组合等建议，以便投资者做出适合自身状况的投资行为。不管决策者选择怎样的智能化理财模式，都需要考虑自己对风险的接受程度，正所谓："自己做的决策，自己负责"，说的就是这个道理。

其实，在我看来，智能化理财的模式已经让人们在理财过程中降低了风险，也让决策者减轻了许多压力和负担。以前要搞个人理财，你得自己配置资金、自己选择，什么决断都要靠自己来做，但是有了智能化理财，它可以通过信息抓取对比的方式给予一个建议，自动调整投资行为。

什么意思？就是这个平台接过了你的投资责任，自动给你设计了投资决策的方案，你只要拍板就行了。这种"懒投资"的方式，已经很适合那些担心赔钱、不敢对自己的决策负责的人了。

就算是这样的理财模式，我身边依旧有人不敢尝试。倒不是不感兴趣，而是非常感兴趣，但是经常犹豫，就是不敢出手。

我问他："你不是整天想着理财吗？这个模式已经算是傻瓜理财了，风险也不高，为什么不投？"

他回答我："我怕赔。"

　　他赔不起吗？不是，我这个朋友理财的资金不少，但跟自己的整体收入来比也不过是九牛一毛，稍微赔一点根本动摇不了根基。更何况我给他推荐的理财模式，比货币基金风险高不了多少，90%的概率都赔不了。就这样，他还是不敢，因为觉得自己无法负担这个决策的后果。

　　这个朋友的作风就是如此。他是资深工程师，也算是互联网的早期人物了，但凡有一点勇气和决策力，现在也至少得是个高管。别人都不断升职，只有他，光长资历不升职位，甚至还主动推掉了上司的推荐，美其名曰"压力太大，我不习惯"。为什么觉得压力大？很简单，他不爱承担责任。所以，他没有失败的风险，但也只能不好不坏地混日子。

　　就像我说的这个智能投资，就算会给出投资各种类型的投资建议，但是如何做决策，还是在于投资人本人。正是如此，也充分显示出了不同投资人的不同决策水平，而我这位朋友，就暴露了自己决策上的"不负责"。不论投资人的收益是多是少，投资决策却是自己做的，而自己做的决策就要自己负责，这也是做决策的人最基本的决策素养。

　　通往罗马的大路有千万条，哪一条最有效，最适合自己，需要决策者自己做决策。然而，决策者做出的决策，可能有成功的，也可能有失败的，不论结果如何，决策者都要为自己做出的决策负责，这是一个决策者最起码的担当。

　　一个人要对自己的决策负责，体现在整个流程中：

1. 开始决策之前，就要有主见，懂负责

　　有些人连做决策都不敢尝试，就是不自信、无责任心，觉得自己做不了决策、承担不了压力。要是抱着这种心态，那你连决策者都成不了，更不要说成功的决策者了。

　　比如，你是否习惯于让别人为你规划未来、出谋划策？有些人从学生时代就是这样，考大学不自己选未来，要让父母分析之后给一个建议；工作了不自己找公司，要让同学、家人给自己介绍哪个好；谈恋爱了，没有自己的想法，到处找人聊天寻求帮助……永远把选择权交给别人，是没有主见，也是不负责任。

　　你是在通过让别人帮你做决策的过程，来心安理得地转嫁自己的责

任。这对吗？当然不对，一个心理上的"巨婴"，就是这样形成的。一个成功的决策者，一定要学会负责，在决策之前就得会负责。

2. 做决策的过程，需要找到"负担底线"

做决策的过程中，你要时刻找准自己的"负担底线"。什么意思？就是千万不要让你的决策造成的后果不能负担。

举个比较残酷的例子，为什么很多做期货、股票的大佬，一步走错就可能满盘皆输，甚至负债累累，导致不少人无法面对现实而自杀？因为他们做出的决定风险太高了，高到自己无法负责，负担不起。但他们还是做了，为什么？有的是因为自觉经验丰富，所以习惯了在河边走钢丝，有的是因为受到利益的吸引，想要大胆一搏，不管是哪一种，都是忘记了自己的"负担底线"。

记住，别做自己负担不起的决策，哪怕只是有一丝可能也不行。做决策的过程中，一定得找到负担的底线，不破底线，你就一直有翻身的机会。

3. 做完决策，要勇于负担结果

决策是自己做的，但未必每个人都有勇气负担结果。我不鄙夷那些因为无法负担结果，所以不做决策的人，但我非常不能接受自己做了决策，又不敢面对的人。既然不敢负担，你还不如不做。

后者比前者更不靠谱，在做人做事上，都缺乏一定的底线和诚信。这样的人当然有很多，比如有些人辞职创业，赚钱了就当作是个人能力的体现，赔钱了就负担不了，要家庭给自己承担，这就是不负责任。既然你承担不了后果，当初就别创业！其他事情也是如此，做了决策，就得有勇气负担，不要转嫁给别人，让他人承担你的决策压力。

如果做不到，你必然是一个会给自己的亲人、朋友和合作者带去困扰的人，也必然失去他们的信任，导致自己的人生都无法把控好。这就是决策失败对个人的影响，可以说，如果你没有负担后果的能力，你的任何决策都是失败的，哪怕暂时达成了你的目标，也不代表你的成功。

做决策，是一个人坐下来后能够冷静地思考自己的决策结果，并根据一定的基本目标、决策思维、决策方法、个人价值观而做出的决策。任何一名决策者，在做决策时，都需要有一份担当。因为"担当"是决

赵春林老师

策者做出优质决策的关键，也是决策者成就事业的重要环节。这一点，请担负决策角色之人铭记于心，于己于决策都是有好处的。

先结婚，还是先买房

人生总是会经历很多的事情，让人得到一步步的成长，使自己拥有厚厚的外壳。有这样一句话，是大家感同身受的，"在该做什么事情的年龄，去完成什么事情"。把这句话运用到结婚，或是买房的场景里，再合适不过。

我想就"结婚买房"这个很容易集中爆发矛盾的问题，帮助大家去思考一件事——如果在你的人生路上，遇到了这种大的决策机会，甚至可能引起你和亲人之间的决策矛盾，你该如何解决？

"结婚买房"只是这类事的一个缩影，但从处理这件事的过程中，你可以学到这类决策的办法。

随着人们生活水平、生活品质的提高，越来越多的年轻人在结婚时，看重有没有房的问题。有的年轻人因为家资丰厚，父母给予一定资助，有的家庭却因为家境一般，面临买房的烦恼。毕竟，买房不是一件小事情，需要足够多的资金来支撑。面对这种境况，使那些到了谈婚论嫁的年轻人不知所措，不知道要先结婚，还是先买房，有的家庭，还以没有"房"不嫁，使年轻人陷入苦恼中，甚至分道扬镳，这是得不偿失的。然而，也有一些年轻人，对于结婚，会在买房的问题上齐心协力，一起构建买房梦，最终实现有房一族，房子有了，婚也结了，真可谓两全其美。

事实上，先结婚，还是先买房，并不是单一的选项，需要同时满足两个条件，最重要的，是两个即将结婚的年轻人，劲往一处使，一起攒钱，实现买房、结婚，这样的决策方案才是最圆满的。

小李大学毕业以后，在二线城市的一家国企工作，工作一年后，家里为他安排了一次相亲，与相亲对象小月见面后，小李心里很满意，经过一段时间的交往，两个人把终身大事定了下来。小月要求小李买房，小李面露为难之情，毕竟小李的家境一般，而他参加工作刚一年，没有多少积蓄。

面对小李的处境，小月表示理解，但她还是希望婚前有一套自己的房子，于是，小李与小月经常就"先结婚，还是先买房"各持己见。小李认为，钱可以慢慢赚，等有钱了，再买房也不迟；而小月认为，结婚前要把房子买好了，自己才能嫁过去，这样的生活才会让她踏实。

俩人一边谈论"先结婚，还是先买房"问题，一边合计着一套100平方米的房子。他们大概算了一下，以市价每平方米8000元的房价，总价需要80万元左右，加上贷款，至少需要100万元，首付近30万元，两人都是工薪阶层，何时才能付清首付款，又猴年马月才能还清贷款呀。

面对高额的房价，小月似乎萌生了不嫁的念头，这令小李犹如热锅上的蚂蚁——好不容易找到了一个可以相伴终生的伴侣，此时放弃，就太遗憾了。于是，小李千方百计在父母那里凑了8万元，同学那里借了3万元，自己手里有5万元，就是这样凑，也还差16万元。怎么办？怎么办？小李是真心想买房而力不足啊。后来，小月见小李对自己是真心的，也就做了退步，她主动拿出了5万元，又在同学那里借了3万元，小月的父母帮忙凑了6万元。小李与小月的共同决策，终于使他们凑够了买房的钱。接下来了，小月与小李也是兢兢业业地工作着，在工作之余，他们还做了兼职，很快便把办酒席的钱攒够了，他们也终于买了房，结了婚。

婚后，小李与小月同心同力，俩人一起赚钱，一起还每月近3000元的房贷，他们勤俭节约，共同打理好家庭的日常开支。

生活是不易的，有时为了追求高品质的生活，不得不付出一定代价。当然，这个代价是双方能够承受的，也是可以实行的。反之，则不然。

在现实生活中，人们在谈婚论嫁的关口，"是先结婚，还是先买房"，的确给许多人带来了困扰。事实上，只要知道自己最需要什么，什么才是最重要的，这个问题也就得到了解决。重视房子问题的，就先解决房子问题；重视结婚问题的，就先解决结婚问题；两个问题都重视的，那么当事人就应竭尽全力共同应对困难。当你踏破一道道荆棘后，你会发现阳光正在向你施加温暖，你的理想也终会得以圆满。

我之所以写了"先结婚，还是先买房"的这个问题，其实主要目的不是单纯讨论买房和结婚的关系，而是要让大家思考一下，当你面临人生当中大的决策矛盾时，应该怎么解决，应该倾向于何处。

辩证地看待结婚和买房的问题，使你的决策更明智。作为个人决策者，在看待类似于"先结婚，还是先买房"这样的矛盾与问题时，做决策要因人而异，看你最重视什么，然后朝着重视的方面发展，最后想尽一切办法完成你的决策，这样的人生也是完美的。

1. 人生决策是个人决策，也是家庭决策

面对"先结婚还是先买房"这样类似的问题，你会发现不仅仅是个人决策，也是一个"合作决策"。做这个决定的人不仅仅是你，还有你的未婚夫／未婚妻，而其他类似的决策也是如此，还会影响到家人。

所以你要学会把控，到底是主要考虑自己的意见，还是要考虑家人的意见。如果要大家一起决策，你应该让谁来占据主导地位。

有些人在这种决策上，总是惯于听别人的意见，什么都是"你说了好，你说了算"，这就是完全将个人决策权交给了别人，得出的结果是你想要的吗？不一定，到时候再后悔就晚了。所以，要记得权衡好自己和家人的意见，能磨合就磨合，不能的话，可以按照一个比例来考虑——

"个人决策权：家人决策权 =7:3"

我认为是一个比较合适的比例，主要考虑自己的选择，然后是家人的选择。毕竟，这是你的人生，同时你也不能完全将家人抛在一边。如果是类似于"买房结婚"的事，更应该加强家人决策的权重，这样才能得到一个互相尊重、大家都理解的决策结果。

2. 个人投资和未来的相关决策，要量力而行

量力而行很重要，比如买房结婚的事，很多人往往在决策的时候头脑一热，最终背负着无力承担的债务去结婚。结婚之后，婚姻生活幸福吗？不一定，光是还贷款就已经到了捉襟见肘、只能靠双方父母接济的情况，这样的生活绝对不是快乐的。

所以，你要量力而行，不要承诺或者做出自己做不到的决策，这样不仅是对自己不负责，也是对你承诺的对象不负责。

3. 以从容的心态看待"先结婚，还是先买房"的这类问题

结婚，是人生中的一件大事，不能马虎对待，若是两情相悦，便要认真对待结婚的问题，不可因一些外在物质轻易否定"结婚"，而应想尽一切办法，妥善处理这个问题，使之趋于圆满。买房，是提高生活品质的一种举措，有实力买房，那就购买，没有实力买房，要积极面对现实，看有没有办法解决这个问题，能解决更好，不能解决的话，缓一缓又何妨呢？"先结婚，还是先买房"是一个决策性的问题，不可一棒子打死，两个结婚的人要理性对待，使结婚与买房有一个圆满的决策结果。

4. 共同的决策，就要共同奋斗完成

为了实现"先结婚，还是先买房"的愿望，两个做决策的人都要努力奋斗。生活是现实的，当结婚与买房的问题同时出现时，总会带给两个结婚对象无尽的烦恼，有的认为，应该先结婚，有的认为，应该先买房，这似乎成了众人长期谈论的话题。事实上，不论是结婚，还是买房，应根据结婚对象的经济情况，做出最适合现状的决策，以便结婚与买房获得圆满答案。

总之，"先结婚，还是先买房"是两个结婚对象的事情，旁人无须花费太多的精力参与。对于"先结婚，还是先买房"，两个结婚对象要站在现实的角度，共同面对，并解决这个问题。不论如何处理这个问题，两个结婚对象做出的决策都要具体化、人性化，这也是做决策的最高宗旨。

职业未来应该如何决策

很多大学生毕业后，面临一个问题——该怎么规划自己的未来和职业。有的人深受"是自己创业，还是去企业上班"的困扰，还有的人则认为继续深造与工作之间也有一定矛盾，这是困扰不少大学生职场生涯的问题。

解决职业未来的决策性问题，要因人而异，如果你在大学期间有丰富的实习经历、你的人脉资源丰富、资金到位，且有闯劲的，是可以制定一个创业目标，并尝试创业的。反之，那些社会经验不足、人脉资源尚需完善、没有第一桶金作为创业资金的，建议还是先去企业上班，待

自身各方面的条件、能力均具备的时候，再考虑自己创业也不迟。如果你理想的职业必须要有学历支撑，那么继续深造则是一个更合适的决策。

2013 年，清华大学创业研究中心在发布的《全球创业观察中国报告》记载："在全球创业观察的 60 多个国家和地区中，中国创业位居第 2。"事实上，中国多数人对创业心怀期待，有 22.4% 的人"期望在未来 3 年内创办企业"，27.4% 的人"在未来的 6 个月中存在创办企业的良好机会"，有 76% 的人认为创业是一条不错的路子。由此可见，一心投入创业生涯的，还是有一定数量的。

一个创业者创业，不像去企业上班那样简单，创业的人承载的东西更多，有来自自身的创业动机，也有来自创业目标、创业决策等方面的影响，有可能成功，有可能失败，收入与冒险是成正比的，这是一个小心驶得万年船的职业选择。一个去企业上班的人，大多在做好自己的本职工作后，便能获取一定的报酬，去企业上班的人，日子过得相对平稳些，没有太大的大风大浪。

那些投身于创业的人，在制定决策时，要确保每一个决策的理性，并且应合理使用创业资源、客观规避投资风险，这有利于创业中的决策更具价值。

对那些有能力自己创业的人，需要先确定创业方向、创业目标，着手准备创业环节中需要具备的条件，才能更好地实现创业。

许多人在发展事业的道路上，往往纠结一个问题："是自己创业，还是去企业上班？"对于这个问题往往是"智者见智，仁者见仁"。那些符合创业条件的创业者，在满足了天时、地利、人和的条件下，还可能缺资金，这时怎么办？不妨让"众筹平台"来帮忙。适合创业的创业者，应把融资项目情况、融资需求凭借"众筹平台"申请融资，以解决资金上困难。

互联网分析师许单单，是一个颇为干劲的年轻企业家。在天时、地利、人和皆具备的前提下，他一举从分析师转变为知名创投平台 3w 咖啡的创始人。在刚开始创业时，许单单就因为缺乏资金，苦恼不已，在几番慎重考虑下，他借助于众筹模式实现了创业。当时，许单单通过"众筹平台"向社会公众实行融资，每人 10 股，每股 6000 元，即一个人为 6 万元。众筹信息一发出，便在很短的时间里集结了知名投资人、创业合伙人、企业管理人员，其中以沈南鹏、徐小平、曾李青等人为代表。许单单的 3w 咖啡众筹模式带动了 2012 年中国众筹模式的流行。

2012 年，是互联网众筹模式的出彩年份。在这一年里，许多城市都有了众筹模式般的 3w 咖啡。这个时期的 3w，是一个很美妙的数字，它几乎成了创业咖啡的契机。

正是在许单单具备了多项能力以后，具备成熟创业者的他，凭借"众筹模式"帮助他融到了创业资金，而后在事业上发展如鱼得水，成就了非凡事业。

许单单从分析师做起，在积累了一定的行业经验、人脉资源后，开始了他的创业之路，也正是勇于开启"众筹模式"，使他的事业之路在山穷水尽之后，又遇到了柳暗花明。这一点，需要一定的行业积累、更需要把握机遇，以成功实现创业。

不论是创业，还是去企业上班，都要结合自身的现实状况。当现实状况允许自己创业，那便创业；当现实状况不允许创业，那便去企业上班，这对打理好自己的事业和生活都有益处。

1. 没有行业经验的人，不应该创业

一个刚出大学校门的人，没有行业经验，缺乏人脉资源，有的只是资金，这个时候也是不宜创业的，应该考虑现实状况，先去企业上班，待时机成熟后，自身有那个创业能力时，再着手创业，这个时候施展自身的创业抱负也不迟。反之，在没有经过充分准备的前提下，匆匆忙忙投入到创业大军中，很容易在各方面能力不具备的前提下，损失惨重，这是得不偿失的。所以，不论做什么，都需要谨慎对待。

个人在做决策时，往往会受到社会上不利因素的诱导。在这样的前提下，就需要决策者在解决一个问题时，知道自己该做些什么，不该做些什么。只有把握好自己做事的尺度，在做决策时才不会人云亦云，从而客观地做出自己的决策。其中，创业决策如此，去企业上班也是如此。

2. 把握机会，乘势创业

机会总是光顾那些有准备的人，在创业的道路上，会遇到各种各样的问题，前期的准备工作做充足，有利于更好地投入到创业的大潮流中，也有利于更好地实现创业。

3. 创业目标不明朗，先去企业锻炼一下

那些在创业道路上摸爬滚打的人，大都是先练就了一身本领后，再进入到创业领域中的。那些还不具备创业能力的，先去锻炼一下，待自身各方面的能力提升了，也处于天地、地利、人和的阶段时，再考虑创业之事也不迟。

4. 那些缺乏资源的人，应先在企业里创造资源

有的人，空有一身抱负，在实现自身理想的过程中，遇到这样或那样的问题，解决事情找不到出路，没有充分的资源供其使用，这令其悲愤不已。在这样的境遇下，作为施展抱负的局中人，应当先为自己铺平资源道路，然后再去做想做之事，更容易取得成功。

5. 理性看待创业与上班，打造出最优秀的自己

不论是创业，还是去上班，都要以理性的眼光看待问题，对一件事情不偏激，知道自己处于哪个阶段，也知道自己这个阶段该做什么事情。这样的决策者，更容易在理性的价值观里发现真我，成就最好的自己。

分清创业与上班的风险与责任，以便你做出最从容的选择。当参与决策的人，要选择自己是要创业，还是去企业上班时，要充分考虑创业与上班的风险与责任，以便决策者做出明智决策。

第 6 章

家庭决策，
为你保驾护航

决策高手制胜秘籍

在一个家庭中，决策者的决策能力是做好一件事情的必备条件。任何事情的成败，都取决于家庭决策者能不能做出正确决策。家庭中的每一次成功，都必然来自高水平的决策，而每一次失败，在于决策者做出的错误决策。只有制定正确的决策，才能使一个家庭的决策成功地被实践，也才能使决策者做出的决策在行动中处于制胜状态。

在每个家庭中，都有一个当家做主的人，这个人是家里的顶梁柱，操持着家里每一个成员的生活。家庭里的决策者，对整个家庭负有重要责任，大到家庭里的产业发展动向，小到柴米油盐的安排，都需要决策者亲力亲为。

每个家庭的决策者，会运用自己的智慧管理着这个家庭，让这个家庭的家庭成员过上幸福美满的生活。实际上，一个家庭的决策者，需要自身具备较强的知识素养、能力素养、心理素养，并在多年的历练下，成功地做出复杂的、高难度的决策，才能使整个家庭过上高枕无忧的生活。

决策能力是家庭决策者维持一个家庭生存的必备素养。家庭决策者在做决策时，只有凭借恰当的决策，才可以对家庭资源合理配置、合理优化，从而达到理想的决策效果。

　　家庭里的决策者，在面临一件件事情时，怎样才能做出最佳的决策呢？但凡那些生活富足的人家，决策者在决策时，都是有一定的决策策略的。在对家庭里的某件事情做决策时，会去归类这件事情是属于大事，还是小事，应该以什么样的方式、什么样的流程，做出来的决策才是最妥当的。经过一系列合理的手续，决策者便做出了最佳决策。

　　一个家庭决策者，在为家庭做一项决策时，需要深入、全面地了解相关的决策问题，真正找到决策问题的关键所在，这可增强决策者的决策把握。同时，对家庭决策者而言，也是一种有效的、实践性较强的决策之法。

　　有不少决策者在做决策时，会因决策者个人的认知偏差问题，导致决策失误。这时，决策者应采取一定的办法进行补救。其中，设计一个可行的解决方案，有利于帮助决策者纠正决策中的不足。决策者不妨收集一些有效信息、优质的决策选项，重新做出一个高品位决策，以便该决策朝着有利的方向发展，使做出的决策为己所用。

　　决策高手在做决策时，总会想尽一切办法找出最有价值的决策信息，经过分析与研究，做出明智决策，使决策者自己与家庭成员享受到切实的决策利益。

　　香港首富李嘉诚的致富故事，现在来看是一个商场决策的成功典范，但何尝不是一个家庭决策的典范呢？个人的决策，往往也会影响家庭，尤其是"一家之主"的决策，所以我们一定要学到决策高手的制胜秘籍，才能为一个家庭保驾护航。

　　李嘉诚 3 岁的时候祖父就去世了，没有了顶梁柱，一家人生活非常贫困。为了逃难，他们来到了香港，而好景不长，父亲也很快去世了。李嘉诚因为父亲去世，面临失学，更重要的是，一个家庭的重担都放在了他的身上。李嘉诚作为家中长子，对母亲非常孝顺，他做出了为家庭承担的决策，到处找事情做来维持生计。16 岁的李嘉诚踏入了纷繁复杂的社会，开始为家庭、为人生拼搏的人生旅途。

　　在为家庭寻求生计的过程中，李嘉诚干过茶楼跑堂，做过塑胶厂推销员。到 20 岁时，他的脑海里涌出了一个大胆的决策，准备大干一番，改变整个家族的命运。

他在维多利亚港的附近租了一间破旧的厂房，开始干塑胶花生意。最开始只是一个家庭手工作坊，一个老式压塑机，李嘉诚和几个工人亲力亲为地去干活，谁也想不到这个家庭小作坊最后会变成大事业。

但是在做这个决策的时候，李嘉诚却很有信心，他觉得这是一个好市场，将来一定会有大需求。正是李嘉诚英明的决策方案，他的事业才能做得有声有色，既为家庭分担了生活负担，也使他取得了不错的事业成就。30 岁的李嘉诚便成了千万富翁。

在塑胶花畅销的时候，市场正是最蓬勃的状态，但是李嘉诚却嗅觉敏锐地察觉到了风险。当时社会正处于人心惶惶的阶段，人们因为未来的不确定性感到恐慌，所以大量产业被抛售，李嘉诚的生意也受到了影响。

不过他冷静分析之后，做出了一个决策——反其道而行，收购别人低价抛售的房地产。他把宝压在了香港的未来上，认为将来的内地与香港都会繁荣起来。事实证明，李嘉诚又一次成功了。之后，他逐渐成为香港首富，建立了首屈一指的华人家族企业，改变了自己和一个大家族的命运。

李嘉诚白手起家，连学业也没有上完，但是他的儿女几乎都是名校毕业，被称为是香港的老牌豪门，联姻对象也都是豪门名流，一家人过上了"贵族"一样的生活。这难道是因为生得幸运吗？不，是因为李嘉诚作为家族的领导者，做出了正确的决策，才会带领一家人走向成功和幸福的生活。

通过李嘉诚的故事，我们不难发现，一个家庭的决策者所做的决定不仅与个人的成功息息相关，更多时候是可以引领整个家庭走向更成功的未来。也许，普通家庭的理财，只是满足于当下，让生活不再无忧。而李嘉诚在为家庭担负责任时，把握机遇，制定了一个又一个的事业计划，既成就了自己的事业，也为家庭奉献了余力，算得上是很高妙的决策者了，这样的人少见，价值观可贵，值得更多的人学习。

赵春林老师在前沿讲座讲解"科学决策是第一生产力"

英明的决策者，从不在乎当下的得失。作为家庭里的决策者，要想确保家人的生活无忧，一方面要开拓出属于自己的事业，另一方面不会在乎眼下的得失，更注重自己做的决策有利于长远发展。

弄清决策性质，可以更好地对决策"对症下药"。当家庭决策者在做决策时，要把决策的事件分清楚是大事，还是小事，以什么样的方式决策合理，经过相应的研究，做出来的决策，才是最佳的决策，并对家庭成员中的每个人员有益处。

拟订决策流程，提升决策结果的质量。家庭决策者在提升家人生活品质的过程中，应对家庭中的每一个决策拟订决策流程，以便更好地寻求决策方案，创造更有价值的决策结果。

聪明的决策者，看待事情的视角更广阔。聪明的决策者在为家人保驾护航的过程中，能看到别人看不到的东西，并将其转换为价值，为自己的未来提供价值，成就最美好的自己，也为自己的家庭寻得好出路。

家庭决策者，应懂得抓大放小。抓大放小，是指家庭决策者在看待一件事情，不要抓着这件事情的细枝末节不放，更应从长远的未来找到大方向的发展趋势，帮助决策者做出当下最优质的决策。

可见，承担家庭责任的家庭决策者并不是一蹴而就的，更需要在做决策的过程中经过多方面的磨炼，使做出的决策更有利于当下与未来的发展，这样的决策者才是令人钦佩的决策人。

把家庭打理得井井有条的绝招

一个家庭，是由众多的家庭成员组成的。一个家庭发展得好不好，与家庭中的决策者有很大的关系。一个家庭的决策者，犹如一个家庭的元帅，但凡涉及大小决策事务，都需要这个元帅拿意见、做决策。换句话说，一个家庭兴旺与否，往往与这个家庭中的决策者有直接关系。

一个家庭决策者，在这个家庭中要掌管的事务很多，其中，家庭成员的创收问题、家庭成员的花费问题、家庭成员的出路问题等，都需要家庭决策者出来做出决策。在做决策的环节中，有时是家庭决策者以个人的意见敲定，有时是家庭决策者召集众多家庭成员共同出谋划策，最后由决策人拍板，使所做的每一项事务都得以落实。

家庭决策者在治理家庭时，虽说不能面面俱到，但最起码也得井井有条。不论是家庭成员要开展的业务领域，还是家庭成员的大方向发展，都需要制定出一定的章程、条件，得到规范、得以完善、得以实施。

正所谓："无规矩不成方圆"。家庭决策者在治理整个家时，也要依据一定的规矩，形成一个个小条款，指导每一位家庭成员在自己的轨道里，做自己该做之事，通过众人合力，共同实现家庭的美好生活。

家庭决策者做好家庭中的掌门人，应定期或不定期地开展家庭会，组织讨论家庭中发展的大事、需要决策的问题，以便每一位家庭成员对家中之事了然于胸，也有利于家庭决策者更好地决策家里的每一件事，使整个家庭秩序井然地发展着。比如，国之大事对家庭产生的影响、家庭成员的创收计划进展情况、家庭中的开支流水账、家庭成员的未来出路等，均可拿出来讨论，并做出有效决策。家庭决策者实行的家庭会制度，对家庭中的每一位成员明确自己的责任与义务有很大的好处。

家庭决策者在治家的过程中，完善整个家庭的家规、制度，使家里的各类事情有规可依，有据可参照，对兴旺家庭、甚至整个家族都是有直接意义。同时，家庭决策者实行的这些家规、制度，对井井有条地管理家庭会更有效，对建设美好家园更有益。

李先生是一家之主，掌管着家里的一切大小事决策。在他治家有方的前提下，把家庭打理得井井有条。一天，为了增加家庭的年收入，李先生为家庭成员制定了一个创收目标，原来他的妻子王太太朝九晚五，工作清闲，所以李先生就给她安排了创收指令——除了她自己的正式工作外，把家里租住的 2 室 2 厅中余下的 1 室 1 厅空房充分利用起来，以房生钱。

起初，王太太不太愿意，认为自己有个正式工作就行了，何必花那心思搞房子的创收呢？李先生耐心给妻子讲述了创造财富的重要性，说："孩子上学要花钱，日后还要买房买车，如果我们不努力，只怕永远买不上车子和住房了。"王太太说："你的意思是我们再租出去？"李先生回答说："月租、短租都行啊！"王太太不解道："月租我倒是明白。那个短租是怎么个租法？"李先生说："你看，现在有一个'小猪短租'

的平台不错，你可以把咱们家的房子挂上去，按天出租，能获得不错的收入。"王太太说："好吧，那我试试？"于是，王太太把准备出租的房子进行了精心布置，然后挂到了小猪平台上。第一天过去了，没什么动静，第二天过去了，还是没有动静，终于第三天时，有人通过小猪平台 @ 王太太，王太太将对方咨询的周边环境、交通情况进行了详细介绍，功夫不负有心人，成交了。当天晚上，租客就入住了，一住就是三天，平台结算后把王太太高兴坏了，快顶自己三天的工资了，于是她做小猪短租越做越带劲，每天的日子也过得相当充实。而她的丈夫李先生是一个建筑设计师，除了每天完成公司的设计工作外，偶尔也接一些兼职活儿，还不错，俩人的工资每月加在一起快 16000 元了。三年后，夫妻二人分期付款买下了属于自己的住房，而在第四年，他们又买了自己的车子。日子过得有滋有味。

　　作为一家之主，就应该积极主动地为家里人寻出路，一是实现了家庭决策者的角色价值；二是带领着家庭成员找到了最好的出路。李先生的治家理念带动着家庭成员的共同进步，也成就了更美好的家庭生活，这也是优秀决策者的一大特色。

　　作为一家之主的决策者，把一家人的生活打理得井井有条，是职责之所在，也是智慧之所在。可见，当一个家庭在发展的过程遇到了瓶颈，

赵春林老师率领投消者团队考察科尔沁草原并举办
互联网金融 + 创新创业高峰论坛

作为家庭里的决策者应该勇敢站出来承担责任，主动找出问题所在，找出破解之法，使整个家庭顺风顺水地运转起来。这类决策者才是合格的决策者，也才是一个睿智的决策者。

家庭决策者，要做好自己的角色定位。家庭决策者做出的任何一项决策，都会对整个家庭成员产生影响。因此，作为家庭中的决策者角色，应当客观地定位好自己要尽的职责，凡是与这个家庭发展有利的，都应该尽心尽力地做好每一次决策。当自己能够决策的事情，自己做决策；当以一人之力决策不了的事情，要调动家庭成员参与进来，大家有时间出时间，有力出力，有智慧出智慧。但凡能为整个家庭做贡献的事情，都要认真对待，与家庭成员共同打造优质的家庭生活。

家庭决策者，要制定好整个家庭的发展方向。家庭决策者为了打理好家庭成员的生活，需要立足于这个家庭的发展，制定出有利于整个家庭发展的出路，以便每个家庭成员客观定位自己、定位自己的未来，在成就自己的同时，成就这个家庭。家庭成员能够取得这样的成就，完全得益于家庭决策者的领导，正是家庭决策者领导有方，使这个家庭兴旺发达了起来。

家庭决策者，要善于为每一位家庭成员做规划。作为一个家庭的一家之主，要善于考虑家庭成员工作、生活的方方面面。当家庭成员的工作不顺心了，家庭中的决策者要帮助家庭成员找原因，并给出合理的解决办法；当家庭成员的生活不如意了，要与家庭成员谈心，找生活不如意之症结所在，给出优质的建议，让家庭成员能够快乐生活。当家庭决策者有能力打理好家庭中的每一件小事、大事，便能让整个家庭高效地运转起来，也能使这个家庭的成员拥有幸福的生活。

家庭决策者，应懂得做家庭成员的调味剂。在一个家庭中，总会遇到这样或那样不愉快事情，使整个家庭陷入冷漠的氛围中，家庭成员的关系彼此紧张。此时此刻，作为家庭中的决策者，要立即采取一定的措施缓和家庭成员之间的关系，使这个家庭进入到正常的生活轨道上来，这样的家庭决策者才不负自身的家庭角色。

把家庭打理得井井有条，需要家庭决策者制定方针政策，也需要家庭成员的积极参与，在大家的共同努力下，打造出美好的家庭生活、家

赵春林老师在福建福州讲解"科学决策是第一生产力"

庭乐园。

为家庭理财的王道

在一个家庭当中，最常见的决策内容当属金融决策，也就是人们常说的家庭理财。伴随着人们经济收入的提升，金钱积蓄如何打理的问题越来越重要，所以人们越发重视家庭理财的能力。

可以说，家庭决策中重要的决策内容就是与理财有关的，如何让你手中的家庭财富稳步上涨，能够在风险和收益之中得到平衡，是很不容易的。举个简单的例子，如果你不懂得家庭理财的重要性，那么家庭就只会攒钱，却不会让钱"生钱"，不仅会因为通胀而变得越来越不值，也让你的家人更辛苦。

而只要你懂得家庭理财的一些方法，选一个好基金都能让财产在一年内上涨 30％到 50％左右，对于闲置的钱来说，不失为一个好的投资。所以，维系好一个家庭，学会理财是相当重要的。

当然，家庭理财也绝对不是只为了收益而不顾风险的。很多家庭的决策者虽懂得了理财的重要性，但是决策过程中急于求成，没有投资稳健理财产品的耐心和眼光，贸贸然投入到高风险的理财中，不仅容易承担大量的损失风险，而且对于家庭的长远发展来说也是不利的。

所以，对于家庭理财的决策要有层次化，应该进行多风险的配置，这样才能经营好你的家庭财产。

小凯是公司里新来的一个同事，刚结婚五年，小两口过着小有积蓄但也不会很宽裕的生活。毕竟，年轻人花钱的地方总是要多一些，不管是还贷款还是准备孩子的教育金，抑或是供养父母、日常应酬，这都是阻碍他们攒钱的原因。

我就问小凯，为什么不去做一些理财呢？家庭理财对于年轻人来说也是很重要的，如果能找到合适的理财方法，他们的家庭收入甚至可以大幅上涨。

小凯却觉得，理财总是有风险的，不肯尝试。我认为，这就是对家庭理财的概念不上心、认识不足的表现。

直到他听说，同事买了基金一年赚了45％的时候，小凯就心动了。他觉得自己的积蓄不是很多，就算是买基金也不一定赚多少，不如直接去买股票。一股胆气涌上来，让小凯将全部的资金都投入了股市之中。

开始还赚了一点钱，可是股市风险多大呀，小凯很快就在一次大跌当中操作失误，几乎赔掉了一半多的钱，妻子也天天跟他吵架。

"我就说理财不靠谱，以后老老实实存银行吧。"小凯这样说。可是，小凯遇到的情况能归咎于理财吗？一开始是他胆子太小，所以不敢去了解和选择，没有决策的信心；后来的股市赔钱，则是因为小凯的决策失误，错误判断了家庭理财可以承受的风险，自然要承担后果。这些，都不是家庭理财的问题。事实上，理财理得好，就像小凯的同事一样，一年赚很多甚至是翻倍都是可能的。

作为家庭成员的决策者，应充分利于金融工具帮助家庭成员过上理想的生活，既不会让生活过于奢侈，也让生活更有味道。基于这一点，家庭决策者除了懂得金融工具为自己所用，还应懂得基本的理财策略。

1. 科学理财要考虑消费风险，合理增加收入

家庭决策者在有计划地提高家庭成员的生活品质前提下，应减少

不必要的生活支出。提高家庭的理财能力，可以更好地储备未来的生活所需。

2. 为家庭成员购买一份保险，以备不时之需

家庭决策者的眼光要放长远一些，购买一份保险，有利于更好地保护家庭成员的财产。当家庭成员在遇到意外事故、自然灾害等问题时，可以更好地为家庭成员提供财务补偿，为整个家庭起到保驾护航的作用。

3. 购买多种理财产品，按照年龄段把握风险配置

家庭决策者除了把家里的各种事务、各类决策安排妥当，还应研究市面上的金融产品，其中以股票、基金、实业投资作为主要对象，从中找出一种适合生钱的产品，为家庭注入源源不断的收入。

而且，这种多种理财配置的方法可以很好地降低金融风险，一定要保守投资和风险性投资结合在一起，才能保证始终不会"伤筋动骨"。在这里我要给大家一个建议，那就是"越年轻，就可以承担越高比例的风险性投资"。年轻人积蓄本来就不多，赔钱了也不会伤害很大，而且赚钱的能力还在，所以可以承担更高风险。越是年纪大了，越是要以稳妥为要。

4. 合理地使用信用卡、蚂蚁借呗等金融工具

这些金融工具，能帮助决策者的家庭解决燃眉之急，既能享受免息期的优惠，也在无形中省却了一笔利息费，很好地提升了整个家庭的理财能力，这种做法，是一举两得的事情。

不论何时，家庭决策者都要把家庭成员的生活放在第一位，需要确立家庭的发展动态时，要积极召集家庭成员共同商讨对策；遇到经济危机时，要一起商讨应对危机的办法；要想家庭成员的生活更有保障，需要制定出合理的理财规划，以提高生活质量。

家庭决策者，是整个家庭的顶梁柱，顶梁柱的眼光、决策方案，直接影响着整个家庭的发展与兴旺。所以，家庭决策者要明确自己担负的责任，通过明确家庭里的各项目标，更好地建设家园，使自己的家人生活得更美好。当家庭决策者做到了这一点，那么就是家庭决策者也就尽到自己的职责了，也不会愧对于"家庭决策者"的做事英明的称号了。

赵春林老师拜访中国著名艺术家阎肃老师学习演讲艺术

鼓励不同意见有策略

一家之主的决策者在做决策时，难免会受到局限，这时就需要家庭中的其他成员参与到决策环节中。可能家庭成员在提意见时，张三的想法是这样的，李四的想法是那样的，这些都没有太大关系，最重要的是决策者要从众多的决策中找出最有见地的决策意见，以做出最佳决策。

一个家庭的决策者，在做某件事情行使决策流程时，除了要运用到个人的力量，还要充分调动出家庭成员的群体智慧。一个家庭成员的群体智慧，可以帮助决策者快捷、高效地做出最佳决策。

一个家庭决策者，为了更好地发展这个家业，往往会通过各种各样的渠道与方式来改变现状。有时，家庭决策者提出的讨论方案里，有家庭成员支持，也有家庭成员反对，这些都是正常现象，作为家庭决策者要客观看待。对待那些提出反对意见的人，要给予对方说出心声的机会，而对于那些有见地的意见，可引导其继续探讨，以形成更好的决策方案。不论是支持的意见也好，还是反对的意见也好，都是决策者做决策时必须要面对的，这有利于在综合各类意见后，找到最佳的决策方案，然后为这个家庭奉献一分力量。

家庭中的决策者，在做决策时应鼓励家庭成员积极参与到决策环节中，并且，决策者要善于引导家庭成员发表自己的不同意见，并经过相关的分析与讨论，制定出最佳的决策方案。

决策者在鼓励不同意见时，需要借助于一定技巧，使家庭成员勇敢地表达自己的意见。在听取了所有家庭成员的意见时，要采取一定的方法分析有价值的意见，而对没有价值的意见应以策略性的手段进行否定。在鼓励兼收不同的意见时，决策者的方法应合理，以便家庭成员对某个问题、某件事情保持热情，以便在开发出有价值的信息后做出英明决策。

胡军在一家大型广告公司工作了五年，设计与制作样样精通，每月收入可达 6000 元。然而，由于上有父母（父母已退休），下有妻儿（妻子是全职太太），这些收入哪里够家里的开支呢。胡军盘算着自己开一家广告公司，为整个家庭提升收入。

于是，胡军把父亲、母亲、妻子召集在一起，把自己开广告公司的想法和盘托出。父亲、母亲的意见是：胡军各方面条件已成熟，是到大干一场的时机了。而妻子却表示反对，说："你自己开公司，钱从哪里来？之前的工资都用在一家人的花销上了。我不同意你冒这么大的风险。"

现在，胡军的事业出路是有了，但却得不到妻子的支持，他决定伙同父母一起说服妻子。先是胡军说："小丽呀，你看我们家，大到孩子读书，小到家里的柴米油盐，样样都需要钱，你说我们能不找条赚钱的出路吗？"

胡军的父母接着说："是呀，小丽。你看家里的各项开销都需要钱，有时我们两个老人还要你们接济，不加大赚钱力度的确不行呀？"

刘丽听后，没有表态，在她看来，这个家是需要改变一下，可是钱从哪里来，难道要贷款吗？胡军看出了妻子的疑虑说："我想好了，这个钱我们家是没有，只得向银行贷款。贷15万就差不多了。"刘丽听后，惊得张开了嘴巴，说："要贷这么多？"胡军从容地说："你看，我们要租房、买设备，至少得这个数。"刘丽见丈夫意志这么坚定，便说："那好吧，我支持你！"胡军的父母也异口同声道："我们也支持你。"

于是，一家人从先前的意义不一，到完全统一意见后，着手办理贷款的事情。由于，胡军一家很少在银行贷款，加上有房子做抵押，他们申请的"生意贷款"很快下来了。他们又着手注册广告公司、开门市、买设备，经过半个月的折腾，终于把各类事情处理完了。

如今，胡军的广告公司开起来了，妻子有时帮他搞宣传、处理一些小事情，广告公司经过两个月的运营也逐步走上正轨。如今，胡军一家正享受着广告公司为他们带来的种种收益。

从上述的案例中可以看出，胡军作为家里的决策人，不得不为家里收入找出路。在他拥有了资质、能力以后，想到了开广告公司。当他说明自己的做事意图后，父母与妻子同他共同聊了许多问题，尤其是家里生计的问题、钱的问题。最终胡军以坦诚的沟通方式，赢得了家人的支持，广告公司得以成立，事业逐步走向正轨，这是胡军引以为傲的事情。

一个家庭，尤其是一个家庭的决策者，有时难免会遇到家庭中各种各样的问题，特别是家庭事业的转型、收入的提升，总会遭遇家庭成员的不同意见。家庭成员提出反对意见，有其反对的道理，要鼓励其表达。而后，对有见地的意见，收起来用之，对没有见地的意见，要"晓之以理，动之以情"说服。这样，一家人在探索一个问题时，才能在海纳百川的同时，做出最佳决策。

鼓励家庭不同成员意见时，决策者不可太独裁。决策者要尊重每一个家庭成员认知事物的态度、价值观、人生观，不可轻易否定家庭成员的意见。现实生活中，很多决策者在做决策时，往往是以自己为最大，谁的意见都不放在眼里，以至于做出决策有失偏颇，最终造成不必要的损失。而那些精明的决策者会认真倾听每一个家庭成员提出的意见，会与大家共同商讨，看能否找出有价值的东西，这种做法是对家庭成员的尊重，也有利于决策者提高决策水平。

决策者做决策，要邀请不同意见的家庭成员参与。决策者对某个问题、某件事情进行决策时，要邀请不同意见的家庭成员参与，以便在讨论时，不同的意见能够相互碰撞，最优质的意见会在探讨中脱颖而出，为决策者的决策带来最直接的参考价值，同时对决策者做出最佳决策有良好的促进作用。

与家庭成员讨论某个决策时，决策者不可过早地告诉大家自己的意见。决策环节，是数个决策参与者的交锋环节，在讨论过程中会出现各种各样的意见，有时甚至让人难以分辨出哪一种意见是最接近决策结果的。即便如此，决策者在做决策的过程中，也要对每一个家庭成员提出的意见进行分析、探讨，留出最有价值的意见与自己心目中的答案比对，在真相接近答案时，方可说出自己倾向于哪一方面的意见，并通过大家共同表决确定出最佳的决策意见。以此种方法做出的决策，无论是决策质量，还是决策结果，均是无可挑剔的。

鼓励不同家庭成员针对某个问题、某个事情提出他们的意见时，需要一定的技巧性、策略性，以激发广大家庭成员提意见的热情，更有利于决策者收集有价值的决策信息，对更好地做决策具有直接意义。

兼顾家庭成员意见的高招

每一个家庭在面临一个重大决定的时候，都有自己的一套习惯性的决策做法。比如买房、教育、就业、旅游等，作为家庭成员的一分子，这些决策都需要参与进来。尤其是家庭决策者，在整个决策环节中起着至关重要的作用，能否带领家庭成员合理地做出决策，将会直接影响家庭成员的幸福。

在家庭决策环节中，决策的方式主要体现在三个方面：一是权威型，指丈夫或妻子掌控决策局面；二是民主型，是以平权的方式实现决策，让每一位家庭成员参与进来；三是自主权型，指家庭成员各自拥有绝对的自主权，不需询问对方意见。

不同形式的家庭决策方法，在不同时期都会对家庭及社会起到很大的影响与推动，但是随着人类文明的进步和经济的发展，各国城市化程度的大幅度提升，现代家庭的结构也发生了显著的变化。传统的大家族或世代同堂的现象正在消失，取而代之的是更多的小家庭模式。

在这种情况下，家庭氛围、家庭决策模式也相应地得到了改变。有不少的家庭，在做一个决策时，更多地使用了民主型决策形式。

国内外的研究表明，民主型的家庭决策由于兼顾了各家庭成员的意见，使每个人的自由度得到充分发挥，家庭成员拥有平等独立的人格和地位，因而更容易建立有效的家庭秩序，在处理家庭矛盾和应对外界变化时，更容易推动家庭决策的完成。

一个家庭是如何做出重大决策的呢？以下是三个经受时间验证的"遵循原则"，可以帮助你的家庭更好地做出决策。

发起决策的一方可与你的另一半坐下来，私下里讨论一下决定。你们可以一起出去吃晚餐，边吃边聊决策话题，或是临近休息前双方留出一定的谈话时间，深入讨论决策，这些决策方式都是可以的。民主型的决策方式，双方应针对一个大决定，筛选出可能讨论的选项，每个选项可能带来的正面与负面结果，认认真真地沟通、发表各自的看法，最后统一没有争议的决策意见，共同做出决策。兼顾每一位家庭成员的决策意见，对这个家庭的未来发展至关重要。所以，参与到家庭决策中的家庭成员，应该认真地花时间详细讨论每个细节，当意见不同时，要以双方认同的一种解决方式进行解决，在这个前提下，做出的决策才会得到双方的认可，做出的决策才会有意义。

一个家庭的存在，必然有其存在的道理。然而，家庭中遇到的每一件事情也是需要家庭成员来参与决策的。当然，不论何种类型的家庭，都会有一个最终的拍板人。只是在决策时，这个拍板人以民主型的决策方式，引导家庭成员参与进来，共同商讨决策方案，以解决家庭中的一个又一个决策问题。

小强大学毕业后，面临着是继续读研，还是找工作赚钱的问题，这个选择题令他苦恼不已。一则，小强想早一点进入社会，为家庭分担些事情，以便减轻父母在外打工的压力；二则，他又想继续深造，扎实自己的专业知识，在提高自己的专业水平后，再开始工作，这样自己的学历要高些，找工作好找一些，起薪也会高一些。

然而，小强看到两鬓斑白的父母在外打工的辛苦模样，又于心不忍了。于是，小强找到一个要好同学问了他的意见，同学的意见是，工作还是考研，这是人生中的大事，建议与父母沟通。然后，再兼顾各家庭成员的意见做出自己的决策。

小强建了一个家人微信群，有爸爸、有妈妈，还有他自己。他向父母说出了自己的想法，妈妈率先说："你已经受过高等教育了，你读研又有什么意义呢？迟早都是要出来工作的？不如早点工作。"爸爸随即又表达了自己的意见："孩子，我和你妈虽然打工辛苦点，但是，再苦再累，爸爸还是愿意供你上学。你要想读研，那就着手准备吧。"小强说："我想考研，可妈妈说的话也有几分道理，若是准备充分，没有考上怎么办，岂不是耽误时间还耽误了赚钱的机会？"妈妈听后，说："强子，看来你开窍了。"小强的爸爸见小强妈妈不支持儿子继续考研，于是语重心长地说："孩子，有梦想就去拼搏，不要顾忌太多，成功与失败是相对的，你连选择的勇气都没有，又何来成功呢？"小强爸爸与小强妈妈的意见虽不同，但是更加坚定了小强的考研方向。他对妈妈说：

第十六届孔子国际博士节上博士们和导师合影

"妈，爸爸说得对，我应该拼搏一下，考研期间，我也会勤工俭学的，虽然钱挣得少点，但不会愧对自己的梦想。"小强妈看完父子俩的对话，也终于轻了口，说："强子，你和你爸既然都支持考研，那妈也就没啥说的了。你专心考研吧，妈妈和爸爸再苦再累也会支持你的。"终于，小强在兼顾了父母的统一意见后，走上了考研之路。

功夫不负有心人，小强经过努力学习，终于考上了自己理想的大学和专业。这时，他的前途更明朗了，他的努力也得到了回报，爸爸妈妈也为他感到高兴。

其实，做决策就是一个博弈的过程，从最开始不知道自己的方向，通过与家人的讨论，找到统一意见，最终在兼顾了家庭成员的意见后，做出了最佳决策。

一个家庭遇到问题时，做决策的方式方法是多种多样的，兼顾家庭成员的意见是其中最重要的一条。与此同时，也可以寻求其他途径来实现决策，以便做出的决策最有价值意义。

寻求有经验的人士提意见，并给予帮助。你是否有一些亲密的朋友，他们很了解并且与你们家的关系不错呢？不妨花一些时间向他们介绍你们家目前的境况，并寻求他们的决策建议。他们可能会提供一个新的视角或一些相关经验，给你带来决策线索和决策帮助。也可以向你最亲密的朋友、长者或老师询问建议，这对决策者做决策有很大的帮助。

让家庭成员参与决策，使决策更高效。显然，每个家庭的家庭成员，其价值观、阅历等都是不一样的，在做决策的过程中，不妨询问不同家庭成员的意见，并对他们的意见进行兼顾，以制定出最有效的决策方案。

最新研究调查表明：家庭的重要决策者在处理家庭事务时，如果能够有效地调动家庭成员的集体智慧，共同参与到事务中，不仅能够使家庭氛围和谐有序，而且在这种家庭中成长起来的孩子，普遍自信乐观，诚实善良，独立性强，个人能力也比较强，在社会上也比较受欢迎。而兼顾家庭成员的决策意见，在决策方面因综合了多数人的意见，因而在执行方面也会得到所有人的支持，从而把各类事情得以妥善处理，更能使决策的事情按着良好的方向推进，这样的决策对于构建和谐的家庭氛围是十分重要的。

　　同时，决策者在做决策的时候，不仅要兼顾家庭成员的利益，而且在制定决策时还要平衡整个事情中的关系，因为在很多家庭矛盾中，由于一个决策牵涉或影响了一部分人的利益，致使家庭决策无法进行下去，在这种情况下，就要求决策者有化解各个家庭成员冲突的能力与方法，以巧妙的手法化解每一位家庭成员的矛盾。这是决策者做决策时的基本能力，也是决策者使家庭成员朝着幸福方向奋斗的关键所在！

　　柏拉图曾说："家庭是社会的基础。"一个家庭如果能够在决策方面兼顾到家庭成员的利益，那么这个家庭一定是和谐幸福的家庭，这样的家庭也将促进整个社会的文明发展与进步。

第 7 章

企业决策，
为经营加分

理解他人意图，做明智决策

在一个团队中，决策者高效地理解他人意图，对做出最佳决策有直接的价值意义。决策者在做决策时，会不可避免地与团队探讨决策方案，在探讨的过程中，会接收到各种各样的数据信息、价值意见，如何取舍，就在于决策者有没有真正理解团队成员的核心意见，能够深刻领悟要点，做出最明智的决策。

合作，是团队决策和个人决策之间最大的差异。前面我们讲个人决策的时候，就已经说了，个人决策与团队决策相比是有一定劣势的，所以更要谨慎小心，就是因为个人的力量永远不如团队更平衡，独裁者容易受到个人情绪的影响导致决策失误，但是一个听取团队意见的领导者，在做决策时就会更理智一些。

"兼听则明，偏听则暗"，这就是团队决策的领导者应该做的。

决策者的明智决策，需要团队中的其他成员奉献出自己的力量。不论是一个小意见、小想法，都会对决策者的决策方案产生一定影响。当然，不仅团队中的成员需要向决策者提供各种各样的决策意见，有时也需要决策者自身有一定筛选信息的能力，能够在理解团队成员表达的意见后，去掉没有价值的意见，留下有见地的意见，使之融会贯穿到自己的决策中，以做出的决策方案更具实践意义。

决策者在做决策时，不论是对人，还是对事物，都需要高效理解影响决策结果的一系列价值理念，理解团队成员的意图、理解事物的本质现象，以帮助决策者更好地找到问题所在，从而做出最佳决策。

波音公司是通过经营金属家具发展起来的，后来又转型生产军用品。在第一次世界大战之际，波音公司根据时局需要设计出了一款 C 型水上飞机，这类机种带有巡逻艇、教练机功能，被美国海军看中，瞬间就被订货 50 多架。然而，好景不长，随着战争的结束，波音公司业务也萎缩了。相应的，美国海军也取消了波音公司还没交货的订单，顷刻间，整个美国飞机的制造业处于黯然失色的不佳状态。波音公司也不幸被命中。

到 1920 年时，波音公司的亏损达到 20 万美元，当时有不少雇员又重新拾起制造金属家具的行业艰难度日。在这样的境遇下，波音公司的创始人威廉·波音理解雇员们操旧业的行为，却没有打倒这个坚强的创始人，他对现状进行了反思，并找到了"对症下药"的药方。威廉·波音在剖析了公司现状与雇员的心情下，当机立断地调整了经营方向，并采取了合理措施。一是他继续与军方保持业务上的沟通，以了解军用飞机发展形势、军方需求，避免其他飞机制造商占领飞机市场；二是他考虑到军方飞机的使用现状，一时之间不会有订单，便抽出了人物骨干、财力来大力发展民用商业飞机。为了确保新战略的实施，他从内部挑选了一批精干队伍、在外界吸收了一批人才，全力以赴地进入到发展民用商业飞机领域里。有时，为了研究出高水准的民用商业飞机，威廉·波音会召集决策层的人员一起讨论决策方案，团队里的成员经常会因为某个方案表达出各种各样的意见，令整个方案处于不清不楚的状态中。这时，威廉·波音会在充分理解成员的不同意见后，引导决策层的团队成员朝着更好的决策方向思考问题，尤其是对那些提议独到深刻，且有一定现实意义的团队成员以充分表现自我才华的机会，通过他们的共同努力，在一个又一个高水准的决策方案下指导着公司的快速发展。战后，经济很快得以复苏，这便刺激了人们对民用飞机的需求。波音公司看准时机，及时推出了 40 型商用运输机与波音 707、727 客机，这些机型正好在市场的需求下蓬勃发展。随后，波音公司又相继推出了波音737、747、757、767等机型，大大地满足了人们对民用飞机的需求。与此同时，波音公司的决策人还带着团队人员为陆军、海军、海军设计制造了不同类型的教练机、驱逐机、侦察机、鱼雷机、远程重型轰炸机等机型，波音公司发展得越来越好。

波音公司的成功之处，就在于决策者眼光独特，能够看到别人看不到的市场，加之善于理解团队成员的各种不同意见，能以合理的方式使之统一，最终形成颇具核心价值的决策方案，这对波音公司的发展与壮大也是有直接影响的。

我们应该如何去进行团队决策，做到多听别人的意见呢？

1. 主动理解团队成员的意见，做出有价值的决策

不论是何种级别的领导，与团队成员探讨决策意见的环节中，一定要高效理解每一位成员的核心价值，并就最具核心的价值意见，与众人细致地分析问题、探讨问题，最终做出最具价值的决策结果。

企业决策者，要善于调动每位团队成员深入浅出地阐述自己的意见。决策者在对某个项目做决策时，免不了要倾听决策层成员的意见，有的成员对一个问题表述得十分到位，有的成员却因为对问题认识的局限性，以至于阐述的意见主题不明确，很难让人抓住点。这时，就需要做决策的拍板人就某个阐述不到位的问题进行引导，使阐述问题的团队成员完善相关要点，这样的做的目的，有利于决策者更好地挖掘决策的核心价值，到位地理解每个团队成员的意见，最终做出明智决策。

2. 聪明的决策者，更注重自身能力的提高

企业里的决策者，除了每天要处于工作中各种各样的事务，还需要在业余时间提升自己的能力，当自己的能力提高了，在做决策时，思维会更开阔，做出的决策才会更有价值。

3. 塑造良好的企业文化氛围，让人们愿意"发言"

一个良好的团队决策氛围，应该是人人乐于发言、乐于交流的，所以企业决策者要引导这种氛围。

在国外，"咖啡文化"就是一种交流文化的代表，企业的咖啡厅会修建的极为舒适，尤其是咖啡厅的座位格局，特别方便你和你的同事在休闲之余进行交流。而这样的休息厅还是不同部门共享的，大家就可以跨专业地进行交流，从中经常可以得到很好的点子。

这说明，交流的文化与轻松气氛很重要，企业决策者要营造一个"兼听"的决策氛围，就应该去打造这样的交流文化。

可见，决策者充分领会团队成员的决策意见，对更好地选出有价值的意见显得多么重要。也许，团队成员提出的决策意见只是冰山一角，但是众人的力量是无穷的，善于收集团队成员提出的意见，并对有价值的意见进行探讨、补充，对做出更高效的决策结果是有良好益处的。

团队决策，要一针见血

团队决策，应注重高效。好的决策者，十分重视团队的智慧，在做某个决策时，要善于吸收团队成员的力量，并做出高水平的决策。

企业管理层的决策者，会做很多业务项目，也会涉及很多项目问题，几乎每一个项目都会涉及"十万个为什么"，并要求决策者拿出可行的决策方案，才能把项目中的业务问题搞定。在这关键时刻，就需要管理层的决策者聚集所有的管理层人员在一起商定决策方案，不论是对业务项目的优点，或是缺点，都应进行论述，以商讨出一个可行的决策方案用于决策。企业管理层的优质决策方案，应融合管理层人士的不同智慧，商定出的方案要照顾到业务项目的方方面面，且对业务项目的某个重点问题，能够一针见血，使做出的决策更有针对性、可行性。

做事之前先调研，是李维公司得以成功的关键。李维公司是德国犹太人李维·施特劳斯一手创办的。李维·施特劳斯并没有在国内谋职，而是追随哥哥前往美国做杂货商。

19世纪40年代，美国加利福尼亚州出现了"淘金热"。正是这个"淘金热"给李维·施特劳斯带来了机遇。一次，李维·施特劳斯乘船前往旧金山开拓市场，随身携带了一些线团小商品、一批帆布，这些物品正好有利于那些淘金人搭帐篷。李维·施特劳斯下船后，便遇到一个淘金人，他便问："你要帆布搭帐篷吗？"那个淘金人回答说："我们

赵春林老师带领员工拓展训练

这里不需要帐篷，而需要淘金时穿的耐磨、耐穿的帆布裤子。"李维·施特劳斯听完淘金人的需求后，他当即请了一位裁缝师为那个"淘金人"制作了一条帆布裤子。这也是全世界的第一条工装裤。

到目前为止，李维公司的工装裤已然是世界性服装 Levis 牛仔服。李维公司的决策者与团队成员看准了市场的发展需求，共同制定了进军欧洲的决策方案，并于 1974 年派团队成员研究欧洲市场，了解不同消费者的喜好，对德国地区的顾客展开调查。其中，不乏"你们穿牛仔裤是注重价格，还是样式？""你们穿牛仔裤注重合身吗？"等问题。经过调查，大多数顾客以"合身"作为首要需求。

随后，李维公司的决策层进一步探讨下一步的市场发展，在讨论中，有人认为，我们应该根据顾客对牛仔裤的需求问题，进行合身式的设计？有人认为，每个顾客的身型不同，又如何抓住不同"合身"尺码？有人认为，"合身"尺码不容易实现，实在不行放弃吧？就在此刻，李维公司的核心决策者抓住了问题的关键，我们探讨问题是为了解决问题，不是为了打退堂鼓，尺码问题根据不同人的身形，我们可以设计出不同尺码，这么大一片市场岂能说放弃就放弃。于是，核心决策者又把重要问题放到了团队成员跟前，就他们就这个问题想解决办法。最终，在团队成员的齐心协力下，终是想出了不同尺寸、不同规格、不同型号的裤子。随后，李维公司的管理者派人去了德国各大学、各工厂进行实验，把同一种颜色的裤子，设计生产了不同尺寸、不同规格、不同型号，大大地满足了顾客需求，也拓宽了裤子的销路。与此同时，李维公司在推广裤子的同时，还获得了不同客户的资料，经过决策层团队成员的讨论，制定了五年计划、第二年度计划，使整个市场的销售得以同步进行。

李维公司的裤业销售网络涉及 70 多个国家，他们对客户的需求了如指掌。正是如此，使公司决策层的团队决策更具客观性、实践性，也为李维公司带来了大的发展前景。李维公司在 20 世纪 40 年代，裤业的销售额为 800 万美元；到 1979 年时，销售额已突破 20 亿美元，在 30 年的时间里增加了 250 倍。近 20 年的时间里，李维公司已一举成为世界性的跨国企业，业务遍及欧洲、拉美、加拿大、亚太。而李维公司已然拥有了 120 家工厂，设有存货中心、办事处、3 个分公司。

1979 年时，李维公司在美国的裤业销售额达 13.39 亿美元，在国外的销售额突破 20 亿美元，在全世界的大企业中处于数一数二的地位。

作为一个企业，要想有所发展，决策者应具有独特的眼光，能够从复杂的市场中找到顾客的需求。当决策者得知客户的需求后，要用自己的智慧与团队的智慧共同为企业出力，站在顾客的角度，思顾客之所思，想顾客之所想，以制定出符合顾客需求、符合企业发展的决策方案，以引领企业的向前发展，从而使决策者成就非凡事业。

1. 企业管理层的决策，应具有竞争力

企业管理层的决策，对某个业务项目的决策，应包含同行业中最具核心的竞争力，具体体现在执行流程、产品质量等方面，把这些因素考虑到决策的竞争力中，将会大大地推动企业的向前发展。

2. 企业管理层的决策，应具有认同感

企业管理层的决策，所做的每个项目决策，不论最初的项目意见是怎样的，经过相应的研讨流程，到最终决策时，管理层的成员应普遍持有认同理念，之所以达到这个效果，既是统一了决策口径，也对更好地推动决策项目有直接益处。

3. 企业管理层的决策，要找到"价值锚"

一个产品从生产到销售，这整个过程都离不开一个词——价值链。"价值链"概念的提出是在 1985 年，哈佛大学教授迈克尔·波特认为，企业在生产产品的过程中会进行许多活动，如设计、生产、销售、发行等等，而整个过程都是在创造价值，就可以被集合归纳为一个系统，那就是"价值链"。

过去，企业的价值链打造是以公司为中心的，大量的资源和资金都放在打造公司形象、进行企业定位上。这种以公司为中心经营企业的策略，目的是找准"行业定位"，各企业只有找准定位，才能够成为从竞争中脱颖而出的代表性企业。

但是在这个过程中，企业为了让用户能对品牌有更深刻的认知，就将大量的精力和金钱投入到广告营销里，更十分重视渠道的选择，反而在用户感受和用户体验上有所疏忽了。这就是我们所说的，传统企业一直以企业为中心来革新自己的价值链。而我们要做新的企业决策，就一定要以用户为中心定位自己的价值链，这被称之为寻找"价值锚"的过程。

价值锚在哪里？用户根据产品的哪一个点做出自己的判断，哪一个点就是价值锚。心理学上有一个著名的效应，是说人类在对一件事或者某个人作出判断时，往往依据的就是最初十秒内对他产生的第一印象。可以说，第一印象影响了后续所有的思考，价值锚就是我们要找的第一印象。

企业决策要围绕着价值锚来转动，这才是一个合格的企业决策者要做的，也是最一针见血的决策。

企业管理层的决策，应权衡利弊。企业管理层的决策，总会商定出两个最具权威性的决策方案，在决策方案的最后关头，应权衡利弊，找出最佳的决策方案服务于企业项目的发展。

组织决策质量，关乎企业成败

组织的决策质量，直接体现了组织的决策水平。一个企业经营得好与坏，与组织的决策质量息息相关。在经营企业的过程中，需要借助于组织来实现决策，而整个组织的决策管理、决策控制，也是衡量决策质量的一个标准。

即便是高水平的决策者，做决策时，仅以自己的一己智慧、一己力量，是难以考虑到方方面面的问题的。所以，凡是与企业经营相关的决策，都需要一个组织来行使决策。在这个组织里，有一个核心的决策领导人，其他的成员，均是参与讨论的决策成员。通过组织里决策人与决策层人员的共同出力，制定出一个个高质量的决策，使企业有效地运营下去。

在企业的组织体系中，由于分布着不同层次，因此，组织的形态也是各不相同的，有来自功能方面的不同，有来自互相协作方面的不同，正是不同的组织形态，构成了一个大型的组织决策中心。

企业决策者在制定一个决策方案时，需要召集不同形态组织层面里的决策成员，共同来探讨一个决策问题，寻求决策出路，使做出的决策能够服务于企业、服务于组织层面里的每一个成员、服务于与企业相关的客户群体，这也是企业决策组织的使命。

索尼公司是 1946 年 5 月在日本东京的郊区成立的。该公司成立之后，有近半个世纪以晶体收音机、随身听、录像机等业务立足于商界。与此同时，索尼公司为了加强业务的发展，还与菲利浦公司一起合作光盘的生产。

索尼公司在业务上的实力与影响力，与公司组织决策层的智慧决策是分不开的。在索尼的发展历程中，随身听还未上市之前，索尼公司的组织决策层便十分看好随身听产品。于是，索尼公司中的组织决策者派相关人员进行了广泛的市场调研，得到的反馈却是：人们表达了他们不需要随身听产品，但是，索尼公司组织决策层的决策人员市场嗅觉较敏锐，他们认为这个随身听产品会在市面上大受欢迎。于是，做出了继续开发随身听产品的决策，正是这个英明决策，使索尼公司成就了一个伟大的产品，公司的业务发展也得以蒸蒸日上。当时，索尼公司做出继续开发随身听决策，是需要巨大勇气的，一方面需要在消费者的反馈意见下做出斟酌取舍，另一方面需要随时随地地收听一些与音乐相关的信息，

赵春林向李新政教授颁发世界学术中心荣誉主席聘书

正是索尼公司组织决策层的明智判断，成就了索尼随身听产品，成就了索尼公司的辉煌。

管理企业，应重视组织的决策思维。在一个偌大的企业中，少不了决策组织，而这个决策组织里，起关键作用的是组织里的决策思维。不同成员被融入企业的组织中时，会形成不同的思维，这些思维相互影响、相互作用、相互融合，最终在一个决策方案里把组织里的不同思维整合在一起，形成有价值的决策方案。

1. 管理层组织构成扁平化，更有利于决策

管理层人员冗余的问题，常常是影响组织决策结果的重要因素。比方说，如果你的公司只有四个部门，却每个部门都有一个经理、三个副经理，这个规模不大的小公司就有 16 个中层管理者，工作有了严重的重合。明明一个人就能管好的事情，找了这么多人，自然会有不同的意见和声音。

但这其实会让决策效率降低。毕竟，一个方向有一两个专业人才可以提供决策意见，其实就已经足够了。当决策人员的组成太冗余，不仅公司的决策制订过程会变长、变复杂，一些创新的、有一定风险但值得

尝试的决策也很容易被否定。这就是为什么大公司、传统公司反而吝啬于创新的原因了。

所以，扁平化的组织机构，让管理层人员更少，也让管理人员可以更平等、自由地互相交流，是很重要的。

2. 管理企业，应注重专业人士的决策质量

优质企业在管理过程中，更重视决策的可行性，在整个过程中很少把精力放在技术的研究上，这类企业的决策者认为，管理良好的企业应把时间放在决策质量上，像技术类的研究等应交给专业的人士去做，每个岗位上的人，都做好自己岗位上的事情，更能把企业发展壮大。

3. 管理企业，可借助决策模型实现管理目的

在企业运营的整个环节中，有团队、有产品设计、有销售预测等，每个环节的工作在开展时，都会遇到这样或那样的问题，而在这些环节中需要企业管理的决策者根据相应的问题，做出相关决策。这令决策管理者有点不知所措，在这样的境遇下，就需要决策者果断划分负责领域，不同的领域由不同的人员负责，而决策者自身只需根据不同部门为相关领导建构一个成体系的决策模型，把相关的数据信息置入决策模型里，先是决策模型根据相关数据进行匹配，尔后，通过人工的分析，做出最后决策。这样的决策模式，省时，省力，也是值得推广的一种方式。

4. 管理企业，要善于收集不同人的意见

企业管理层的人士也不是万能的，可能在某一方面是专家，但是在另一方面未必就是专家。这时，就需要决策部门的决策者善于收集不同人的意见，对相应意见进行检验，把最具价值的意见留下来，使之作为最终的决策方案。

企业里的组织决策机构，对企业的发展来说至关重要，它是企业汇聚智慧的主要阵地，也是碰撞决策火花的关键场地，还是企业决策层做出高效决策的风水宝地。

备选方案，让企业走得更远

在现代企业的发展历程中，没有永恒不变的战略，有的是不同发展历程下的不同决策方案。企业在发展的过程中，需要制订出一份指导企

业大方向发展的方案。即便如此，这类大方向的发展方案，也仅是一个时段里的一个方案，在发展的过程中，随着市场的变化，企业的发展方向也需要进行调整，这要求企业里的决策者在不同的发展时段里，制订出相应的备选方案，以指导企业业务的发展。

不论是个人做决策，还是企业做决策，都少不了备选方案。备选方案，能在一定程度上推动着企业更好地向前发展。无论何时，在做某项决策时，都会遇到万分之一的意外，而有没有做备选方案，直接影响着企业能不能更好地发展。

企业中的备选方案，是减少企业损失而存在的一种方案。企业决策者在做决策方案时，必须制订两个以上的备选方案，以备不时之需。

对备选方案的制订，目标力求明朗清晰。制订的备选方案，是可能用于行动的方案。在制订备选方案的过程中，应遵循决策方案的本质，使之能够贯穿于整个企业经营活动的始末。企业决策者之所以制订备选方案，其主要目的在于解决企业经营过程中遇到的各类问题，使企业朝着更好的方向发展。

在制订企业的备选方案时，应遵循五个方面的原则：一是创新性原则，这是形成备选方案的关键之处；二是约束原则，这对备选方案的内容给出了相应限定；三是多样原则，即备选方案的形式不局限于一种形式，而是多种多样的；四是时间原则，备选方案的制订是建立在一定时间条件下形成的；五是实践原则，即备选方案的制订应带着较强的实践性，以便在使用时发挥其应用的作用。

决策者在制订备选方案的过程中，应按照一定的方案步骤执行。成熟的方案制订者，均会以先散发后收敛的思维来寻找决策方案的重要元素，通过合适的思维来列举、设想不同方案，在这个前提条件下，对不同方案进行精心设计、评判、验证，最终产生出优质的备选方案为决策者所用。

不管是做正式方案，还是备选方案，均离不开时间和精力。当你在决策方案上花费足够多的时间和精力时，它也会赋予你最直接的恩惠。

赵春林老师在青岛决策学院成立仪式上留影

在我国互联网发展的大浪潮下，为更多地互联网金融提供了庞大的发展空间。2014年，移动互联网的用户已达8.8亿户。当时，在腾讯云开放平台的用户已达到500万人。而百度公司、阿里公司等大数据服务器集群直入5000～10000台，整个数据的存储度已是200～1000拍字节的量了。

正是在这样的互联网背景下，一些企业把握了互联网的通用性、开放性等特点，与金融结合在一起，形成了互联网金融市场。

2014年11月11日，这一天被人们称为"双十一"，当时各大企业的业务通过支付宝形式，达到了2.78亿笔，最高每分钟285万笔，每单平均支付时间为5秒，这个数据远远低于网银每分钟的支付时间，支付成功率达99.9%。也许，不少互联网金融企业并没有从每笔业务中获多少利，却凭借免费服务积累了大量的用户资源，以广告费、增值服务费的形式赚取了一大笔钱。当互联网金融成为一个冲破盈亏的平衡点时，便迅速占领了市场。

以余额宝为代表，不再局限于传统的金融平台，而是在互联网平台上找到了施展拳脚的天地。以余额宝形式为主的金融，把互联网作为了它的主要备选方案为发展方向。在余额宝推出半年后，便获得了8000万用户的青睐，并一举成为国内第一大货币市场基金。

那些能够在互联网平台上施展拳脚的企业，都是明智的。企业在发展的过程中，及时地找到了发展方向，并以匹配精准、成本低廉、服务便捷等形式积累着一大批客户，这些客户为互联网企业提供了顽强的生命力，也成就了互联网企业的发展。

一个有活动、有眼光的企业，其决策者在发展自身企业的同时，大多不会固守传统，他们更愿意去接触那些有生命力的东西，一是符合市场的发展需求；二是不会使企业的主打决策方案太被动。正常情况下，企业的决策者在发展或是壮大一个企业时，要找准企业的发展方向，并制订出适合企业发展的方案，这个方案，不局限于一个单一的方案，有时可以是多个方案并重的。除了一个主要的决策方案之外，那些备选的决策方案也是可以适当使用的。

如何制定备选方案呢？

1. 每个决策方案都要有无可替代的优点

不同方案就要有不同的特点，不能是细枝末节上的差别。所以，一个备选方案之所以有存在的价值，一定是因为它跟其他方案有一定差异，比如更有创新性但是有一定风险，或者平衡各方最稳妥之类。记住，一定要有独属于这个方案的最佳特色，不然没有存在的必要。

如果你的备选方案没有什么比得过其他方案的优点，我们完全可以抛弃它去选别的，备选方案就只是浪费时间、凑个数而已。所以，一定要给每个方案都留下一个优势之处，是其他方案无法协调做到的。

2. 企业决策，要敢于挑战局限

对于较难的决策，大多在决策时存在一定的局限性，即做出的决策带着很高的挑战，以至于无法让决策者下定做决策的决心。这种带着挑战局限的决策情况，也是存在的。当决策者放飞自身的思维，善于从各个方面寻找决策突破口，最终也是能够做出最佳决策的，且这类决策往往会带给决策者意想不到的效果。

3.只要方案没有启用，就永远不要停下脚步寻找新方案

企业管理层的决策者，在与决策层的人员商定好决策方案后，还需要进行检验，以做出最佳取舍。在取舍的环节中，会因为各种利弊问题，使问题越来越清晰，此时，之前选定的决策方案就需要进行改进，那些有心的决策者总会在这个时刻探索出一个新的决策方案，使商讨的决策方案更具可行性。

企业决策者要重视每一个方案的制订，既要得其要领，也要掌握其方法，以便制定出来的决策方案更有见地，以利于决策方案发挥其自身效果。

精英式团队，让企业决策更高效

一个企业想要快速高效做出好的决策，建立一个精英式的管理团队很重要。

做出好的决策，需要团队的管理者拥有极高的专业素质和判断能力、选择能力，同时还有一定的合作能力。做出高效的决策，则需要决策团队的精简，人越多往往越会耗费不必要的时间和精力。

所以要兼顾这两个特点，建立一个精英式的管理团队班子很重要。记住，管理者不在多，够用就行；领导人不在众，聪明就成。

这一点我认为可以跟苹果公司学习。毫无疑问，作为总是走在科技领域前端的"黑科技"企业，苹果公司一定是人才济济的地方。我们有理由相信，如果哪一天一颗外来陨石轰掉了苹果总部，电子产品的发展一定会延缓上几年——至少会失去相当一部分令人眼前一亮的创意。能够走到今天，这与苹果公司坚持打造精英式文化不无关系。

作为乔布斯的继任者，库克也许与他有很多不同，但是想要塑造的企业文化却是一样的。他们都信奉着"只有最完美的设计师才能带来完美的产品"，所以对员工的要求非常高——你必须是精英，才有资格站在苹果公司的内部。

正是因为团队的决策者都是这样的人才，在做决策的时候才能做到高效和正确，才能规划出让人拍案叫绝的企业发展模式，才能给我们贡献出令人惊喜的产品。

赵春林和中国决策科学院副院长李新政教授出席大连诺贝尔经济论坛

在前掌门乔布斯在任的时候，他甚至坚持只能雇用"与众不同"的人才，苹果的大门绝不向平庸者敞开。即便是库克执掌企业的现在，也一直坚持打造精英团队。在苹果内部，对团队有着严苛的分级，只有被划归为"A"的团队才是精英团队，而"B"或者"C"则是领导者注目的重点——要么升级为"A"，要么就面对被残酷淘汰的命运。所以，领导者的一个重要工作就是打造精英团队，然后淘汰普通团队。如今的苹果总部虽然只有不到3万人，但是其中个个都是人才与精英，执行力、创造力等是普通人的几倍甚至几十倍，这就是精英文化带来的影响。

而什么才是精英呢？对它的不同定义，也展示着不一样的企业文化，库克对精英的定义就是"永不满足"。精英永远能够精益求精并注意到别人看不到的细节与问题，对待发展的前景有着超人的敏感度与判断力，而这一切都源于对自身的不满足，所以才会不断前进。因此，库克从来不希望团队产生"满足"的想法，虽然他们已经十分优秀，但是他还是常常强调"我们还有更多的事情要做，还有更好的产品能够被开发出来"。这种永不停歇的鼓励和一直在前方的目标，让他打造出的团队永远不会有"做出人生最完美作品"的满足感，而是一直在不断前行。

同时，"不满足"还体现在对细节的要求上。苹果的细节要求是相当苛刻的，从乔布斯时期就奠定了这一传统，为了让客户感到亲切与舒适，苹果宁愿耗费无数时间精力，只为了改进算法，让可视窗口的边角从直角变成弧形，这是不是让人觉得有些疯狂呢？如今的库克时代，苹果同样坚持细节。为了让产品的纵深感、体验感更强，从设计团队到营销人员、到原件生产商费心费力，全面改进生产流程，只为了给产品的外壳底色上镀上一层透明膜，这就是优质体验背后的细节追求。

只有在工作上这样"永不满足"，才能打造出真正的精英。相比之下，谷歌的用人理念就稍显落后了。如果说苹果是打造精英的"学校"，谷歌就是招揽精英的"猎头"，同样聚集着人才，谷歌就显得有些简单粗暴。如果你不是名校毕业、没有"聪明人"才有的头衔、过去的履历不够辉煌，谷歌是不会雇佣你的。这种选人的方式带着过分的傲慢，无形中可能会让谷歌失去很多人才。所以，一个公司要做到决策高明，应该学习苹果公司，去培训、打造精英式的领导者，自己亲手带出的聪明决策者，才是最懂得公司文化和需求的；不要过于追求"高学历"或者"优秀履历"，这两样东西加在一起，也未必适合你的公司。

记住，打造精英团队，不是直接雇佣精英团队，这一点对于公司将来的发展更有效。

不管是管理一个团队还是公司，管理者首先要坚持的就是精英式文化。苹果公司已经给我们做好了榜样，对团队进行适当的分级，给予它们充分的成长空间和机会，留下优秀的并淘汰较低级别的，会让公司的决策更加精简、高效。为什么要这样呢？

只占据公司人数 10％的精英团队，与其他团队的产出值能够相差十几倍甚至是几十倍，而这在技术密集型产业中的体现尤为明显。在这种对比下，我们为什么不尽量去雇用那 10％呢？所以，尽量将团队培养为"A"级，提高企业的执行力、创造力并有效的精简结构，就是管理者们需要做的。我们可以参考以下几个要点：

1. 明确团队分级，提高团队之间的竞争力，将更多的资源倾向于优秀团队。

2. "A"级团队、优秀人才的待遇、薪金必须有所提高，让他们意识到自我价值得到企业认同，在培养人才之后真正地留住人才。

3. 定期进行培训，给予员工更好地成长平台，与企业一起发展，才能打造精英人才。

4. 在打造属于自己的"精英文化"时，注意方式和目的，坚持"在实践中看成果"，不要在一开始就打上"精英"或者"非精英"的标签，这样才是可发展的、竞争式"精英主义"。

只有竞争的精英式文化，才能让员工产生危机感并不断前进，这就是库克告诉我们的秘诀。而精英式的文化造就出的决策者，也一定能给我们带来更高效的正确决策，这就是企业管理的惊喜之处。

企业是保持现状，还是发展壮大

发展是企业不可跨越的课题，良好的发展是企业适应未来未知环境、面对国际化经济竞争压力的有力保障。一家企业要想在未来竞争中生存下去，就必须要发展壮大，让自己拥有一个能够在企业之林中站住脚的体能，而不能一直举步不前，保持现状。

一家企业创业之初，很多创始人出于"安全、稳定"的考量，做出"保持现状"的决策，而不敢大胆尝试，不敢突破。只想着能够生存下去，而不想发展的问题。这是可以理解的。但当企业成长到一定阶段的时候，如果还用保守的想法，以稳为主，不敢迈步，这样的企业迟早会被时代淘汰。要知道，求生存其实就是求发展。纵观企业发展史，留存下来的必定是那些敢于创新和发展的。

近些年，电子支付在中国发展迅速，并慢慢波及了全世界。微信、支付宝成为人们主要的支付方式，而传统的现金支付则退居二线，当起了"闲散老爷"。

作为后起之秀的京东也不甘落寞，开始把眼光放到国外。今年，京东集团、京东金融和泰国尚泰集团有限公司成立了两家合资公司，分别提供金融科技服务以及电商服务。尚泰集团是泰国最大的零售企业，这一合作对京东金融所提倡的"大支付"以及"场景扩展"的战略具有重大异议，也让京东金融"大支付"战略在海外扎根启程。

今年2月份时，京东金融公布了自己的六大战略着力点：技术投入、大支付、风控、金融科技输出、场景扩展以及农村金融等。大支付则是京东金融的重中之重，也是京东高层对京东未来发展所做的一个战略决策。

在一系列措施的配合下，到了7月份，京东支付业务的外部活跃商户有了40倍的增长。当然，有发展也有危机，尤其是在初次涉及的海外市场，自然也有很多的问题，比如风险问题，访问压力的问题，场景消费的问题等，但京东也明白有机遇风险共存的道理，在他们的努力下，这些问题已经成功化解。

发展到现在为止，不管是支付安全问题还是运营经验，在亚洲乃至全世界，京东都有一定的话语权。

取得的这些成绩，让京东金融的"大支付"战略有了一个很高的起点。

与尚泰集团决定合作后，京东金融便将"支付"作为海外发展的核心业务，给泰国市场输送比较成熟的技术和产品，满足了泰国当地人的电子支付需求。与此同时，"大支付"在泰国的首航成功，使得京东金融跨境支付以及境外移动支付业务的发展得到了很大的推动。

因为在京东人看来，"落地"只是拿到了国际竞争的入场券而已。只有熟悉了当地的消费场景，熟悉客户的需求，并根据客户的需求进行产品改造。由此，京东支付才能够真正符合当地人的需要，才能够让京东支付本地化，才能够生发出更强大的生命力，才能够不断地发展和前进。所以，这一次进军泰国，同时成立了电商和金融两家合资公司，让电子商务、支付和金融之间相互配合，共同发展。

我们有理由相信，凭借京东集团强大的电商和物流能力，"大支付"也必将会在泰国这个新战场中取得理想的效果。

京东之所以提出"大支付"的发展战略，必然是看到了未来的支付

赵春林老师出席中国互联网金融高峰论坛

发展前景。为了京东集团更好地发展，它没有举步不前，而是大胆出海，为京东集团的发展又开辟了一条新的道路。而在京东集团和尚泰集团的努力下，京东金融也有了微信支付以及蚂蚁金服所不具备的优势，为京东的海外发展打下了坚实的基础。

即便是京东这样的大集团，尚且还需要不断地开拓新领域，尝试新方式，开辟新疆土，又何况是那些在大企业夹缝中生存的中小企业呢？由此可见，不管是大企业还是小企业，要想在竞争中挣得一席之地，就必须不断发展壮大，不可保持现状，不可故步自封。

企业的决策者决定着企业的命运，决定着企业未来的位置。那么，作为企业的决策者，如何保持企业的可持续发展、做到持续成长呢？

1. 维护好现有的市场

维护好现有的市场，意思就是说要让企业现有的客户对企业现有的产品或服务感到满意。这样就能够维系企业原本的客户资源，防止客源外流的情况，也减少了资金外流的风险。维护好现有的市场，当企业发展新客户或者是开拓新市场时，即便遇到风险，也会大大减少对企业的冲击。

　　企业不间断地向客户提供某一种优质的服务或者是优质的产品，在顾客群中就会形成一种产品效应，能够在顾客的口口相传，建立产品的独特声誉，进而形成不错的企业口碑。当然，一直经营现有的产品也有其弊端，单一的产品受市场的影响更大，市场稳定还好，一旦出现波动，受波及的第一目标就是这种比较单一的产品，会直接影响到企业的未来发展。

　　另外，在新产品面前，现有的产品也没有太大的优势，一旦受到新产品的威胁，现有的产品很有可能没办法支撑一个企业的运营。

　　2. 发展新产品或者是新服务

　　京东白条、京东金条也并非是京东集团一创立就有的，它也是在京东不断地发展中摸索、开创出来的新产品，并且对客户有着极大的吸引力。一个企业要想寻求更好地发展，就必须发展新的产品或者是服务。例如，一些旅行社会给客户提供一些特有的旅行体验；一些修车铺也兼卖二手车等。

　　这样的做法有很多好处，既能够让老客户得到不一样的体验，维系他们的企业新鲜感，也能够吸引来更多的新客户。

　　3. 发展多元化的产品

　　男装店卖女装就是发展多元化产品的表现之一。虽然企业大小规模有所不同，但产品多元化的好处还是相通的：能够抓住机会，吸引顾客；开拓新的领域；比现有的产品和服务更能够赢得利润和市场。

　　当然，在使用这一战略时，企业要做好几点准备：需要建立新的顾客群，需要开发出新的产品和服务，需要在不太熟悉的市场中摸索，需要面对陌生的竞争对手，需要从零做起，需要投入更多的精力等。

　　4. 认清市场规律，及时跟上潮流

　　跟潮流，在现实生活中最直接的体现就是，摩拜单车的出现带动过了小黄车，这就是"跟潮流"的体现，而小黄车由于能够另辟蹊径，反而在发展速度上比摩拜单车还要快，最后形成分庭抗礼的局面，可见跟上了潮流，也可以后来居上。认清市场规律，跟上时代潮流，然后做出一系列有利于企业发展的决策和方法，不断创新，让企业朝着更好的方向发展。

　　总而言之，企业要想在时间长河中长存，就必须要寻求可持续的发展，不可止步不前，不能懈怠发展，而应该在汹涌的市场波涛中勇敢前行，在商业之林中，为自己的企业挣得一席之地。

第 8 章

谋略决策，
助你决胜千里

谋略决策的思维

我们所说的谋略决策，就是从政治、外交、军事等大的历史事件中，学习到一些能够用于生活的谋略。如《孙子兵法》与"三十六计"，别看三十六计最开始是军事决策，但是现在我们不也常常用于自己的生活吗?

其实，任何一个决策都是在斗智斗勇，与两军交战没有什么区别，所以越是如此，就越是要积极地从天下大事的决策当中学习到生活、工作、职场或者企业管理等的决策思维，这就是我所说的"谋略决策"。

高水平的谋略决策，需要科学的决策思维奠定坚实的决策基石。科学的决策思维，是运用发散思维、直觉思维、逆反思维等，收集、分析与决策相关的信息，使决策者做出的谋略决策更具可行性。

发散思维可为谋略决策者提供丰富的条件与机遇，使决策者以灵活的思维活动快速地找到与决策相关的信息，做出精准的谋略决策判断；直觉思维可为谋略决策者在分析解决和解决问题时，快速地调动起自己脑海里的经验与知识，对所做的决策给予总体反应；逆反思维，又名"求异思维"，这类思维是对人们早已司空见惯的事情或观点，进行反向思考。逆反思维可为谋略决策者冲破固有的思维习惯，找出一种反向思维

赵春林老师拜访新中国四大演讲家彭清一老师并请教演讲艺术

去设想问题、办法，从而做出一种不同于其他形式的谋略决策。

科学思维是做出优质谋略决策的主要导火索。通过科学思维来实现谋略决策，是谋略决策者对所决策的事物本质、事物与事物之间的内在联系，进行分析、判断、评判，而形成的谋略决策。这类谋略决策，对个人、社会群体、国家前途均会产生不同程度的影响。

做出优质的谋略决策，主要体现在科学的思维层面上，而科学思维也是军队领导者的必备素养，也是军事决策者做出优质决策的核心理念。所以，我们可以从国家的军事决策思维当中，学习到如何运用谋略决策，这二者是相辅相成的。

当军事决策人身处于战场中时，需要借助于一定的军事决策思维来应对战争。其中，最常见的要数发散思维、直觉思维、逆反思维了，这些军事决策思维能帮助军事决策者以客观的、合理的、严密的思维形式，协助军事决策者做出最佳的军事决策战略。

隆美尔在制约英军的坦克时，通过发散思维找到了军事决策的应对方案，即：把高射炮变为英军坦克的"天敌"；以色列人为了取得军事战略上的优势，以飞机机翼切断了埃军通讯途径。这些军事战略的决策结果，均是发散思维赋予的力量。发散思维被运用于军事决策的思维中时，能使军事决策者以新的角度、新的观点来探索事物、观察事物，从而产生独特的见解。毛泽东的"农村包围城市"军事决策战略，也是通过冲破陈旧的思想，运用发散思维探索出的一个崭新战略，独特的决策理念。

你看，这些重要的军事活动当中所采用的发散思维、逆向思维或者创新思维的模式，都最终迎来了胜利，而这些思维运用在谋略当中也是可取的。你的企业管理，也许需要发散思维，跳出当前的禁锢去看问题；你的生活，也许需要创新思维，突破原有的惯性，让你做出新的、改变人生的选择。决策思维其实很复杂，我们从千变万化的军事活动中，可以看到那些经典的正确决策的案例。

1. 一个有效的谋略决策，在于决策者运用已有的知识去应对未知情况

决策者在做谋略决策时，可以运用已有的知识，辅以定式，去推测与谋略决策相关的信息，以找出制胜的谋略决策。谋略决策者在做谋略决策时，要把握好决策时机，该出手时就出手，以便做出的决策为己所用。

2. 优化决策目标，是科学做出决策的关键

一个谋略决策能不能达到预期的决策效果，与谋略决策者做决策时有没有优化决策目标有很大的关系。那些优化决策目标的谋略决策者，做出的谋略决策目标更清晰、方向更明确，取得的效果也就更明显。反之，那些没有优化决策目标的谋略决策者，做出的谋略决策，目标模糊，执行效果差，难以取得预期的谋略决策效果。

3. 科学的谋略决策思维，要在不断地变化态势下逐步修正

一个谋略决策的好与坏，在于谋略决策者能不能以当时的信息、动态，不断地调整谋略决策，使做出的谋略决策符合当事的军事发展趋向。

谋略决策者做决策时，运用的谋略决策思维，应把己方已有的一切有利条件进行充分调动，使之形成高标配的组合，并在避开各种不利的条件下，做出优质的谋略决策方案，使之为己所用。

谋略决策在制定的过程中，借助于一定的谋略决策思维实现，这中间包括发散思维、直觉思维、逆反思维等元素，正是众多的决策因子，整合出了一个个高水准的决策。

领导者的谋略决策思想

大到国家，小到家庭，只要是身为领导者，在做各种谋略决策时，要客观地看点决策问题。一般来说，领导者的谋略决策思想，对所领导的群体都会产生十分重要的影响，所一定要慎重研究。

举个例子，在军队中，军事领导在做决策时，需要把一些高水平的决策思想融入军事信息中去，经过分析、研究、验证，做出客观的、有效的军事决策。军事领导所持有的决策思想，是建立在大量的军事信息、军事动态、军事战略需求的基础上的，只有秉承这些军事元素，制定出的军事决策才能体现出它的军事决策价值。

军事领导的决策思想要起到一针见血的作用，需要借助于一定的军事信息、军事设备、军事手段，取得军事决策中的关键点，使军事领导做出的军事决策更具可行性、实践性，从而达到"运筹帷幄之中，决胜

赵春林老师出席第十届中华管理论坛

千里之外"的效果。

　　而军事领导者的这些决策模式，放在普通人身上也是有意义有价值的。下面我们就从德国和苏联的军事领导人身上，看一看他们是如何"因地制宜"做出决策的。

　　第一次世界大战，德国的军事领导制定的战略决策有一定的价值意义，作战准备充分，军备突显优势，却在人力、军粮、原料等方面略逊于对方，尤其是军粮显得十分稀缺，当时的德国人民是以萝卜度日的，这个时期又称为"萝卜的冬天"。到1918年，德国经济颇不景气，几乎到了崩溃的边缘，战争不得不以失败告终。

　　第二次世界大战，德国为了展现军事实力，在"闪击战"上下了一番功夫，这是一次很大的冒险，战争目标远远超越了整个军队的军事潜力，最终导致战败。而苏联在1941—1945年的卫国战争中，却由防御型战略转入反攻型战略，正是这个英明的军事决策思想取得了最终胜利。苏联的这一次战争，除了带有战争的正义性质外，还与其自身强大的经济实力分不开。苏联的军事领导在内战结束、经济恢复之后，意识到发展经济的重要性，甚至感受到了经济对军事战略的影响。于是，苏联军事领导立即发展重工业经济，历经两个五年计划，直至卫国战争的前夕，苏联的工业总产值高出革命前俄罗斯工业总产值的11倍，年产钢量1830万吨、年产铁量1500万吨、年产石油量3100万吨、年产煤量16600万吨。正是这些实实在在的工业总产值，为苏联的卫国战争奠定了坚实的经济基础。但是，鉴于苏联军事战略的布局问题，在军事战争开始的那一年，苏联的经济也遭受了很大损失，当时有1500多个工厂必须朝着东边迁移。苏联军事领导考虑到战争的需求，大大地改组了整个工业，使得军工生产得到有效提高。在战争结束的那一年，苏联的师团增加了4倍，大炮增加了5倍，飞机增加了5倍，正是这个原因，使得苏联的军事力量与德国的军事力量相比，发生了极大的改观，苏军胜利在望，而德军失败在所难免。苏联之所以在战争中能够取得胜利，在于苏联的军事领导善于根据军事形势及时调整军事战略，及时把军事战略放在了经济重点上，尤其是工业产值的提升上，正是如此，使苏联的经济更强大，在战争中拥有主动权，也成就了战争的最后胜利。

掌握主动权，在于要不断变通，一个领导者必然要不断掌握全局情况，并且根据当前的所需制定不同的决策计划。之所以苏联可以越来越强大而德国却在战争中越来越落败，除了一些实力对比之外，更重要的是领导者的目光放得是否长远，在该转型的时候有没有及时做出调整。

记住，决策不是一成不变的，尤其是领导人更应该保持灵活性。在这个基础上，谋略决策领导者应该具备下面的思想：

1. 领导的决策思想，应该是动态的、发展的

一个优秀的领导在做出谋略决策时，其决策思想中应该密切关注当前情况，以动态发展的眼光看问题，这样才能始终把握住重点，通过对症下药的手段找到措施，从而做出客观的、高水平的战略决策。

2. 领导的决策思想，应建立在获取信息的能力上

任何一个领导在制定谋略决策时，都需要借助于高科技技术来获取大量的信息。现代社会，伴随着科技发展，尤其是互联网技术的不断提升，"信息爆炸"绝对不是一句空话，越多的信息，就越能帮助我们在决策之前创建一个大体的决策方向，让我们可以预计到未来的发展趋势，所以信息是很重要的。

3. 领导的决策思想，有较大应变性

在各项活动中，准确地掌握己方与竞争者的动态，对更好地做出与当前形势相关的决策，有一定的促进作用，所以，决策者思维一定要灵活，懂得随机应变。与此同时，决策方在做决策时，应本着降低风险的初衷出发，制定出多种战略方案，以便在不同情况下具有良好的实用性。

也就是说，多策划几个备选方案，对于随机应变而言还是很重要的。

领导者的谋略决策思想，一定要科学。决策者在做各项决策时，应以科学的世界观、方法论，指导形成良好的战略思想，并制定出符合事实发展的决策，这样才能发挥谋略的决策价值。

谋略决策的有效方法

谋略决策，是在与决策相关的问题上进行调查研究后，经过判断、推理，最终对行动做出的一个有效决策。一个优质的谋略决策，充分表现了决策者的决心、命令和计划的完备性等，为接下来的行动提供了重要的参考价值。

以谋略决策的有效方法制定的决策，主要分为三个方面，即：战略决策、策略决策、执行决策。其中，战略决策，体现了谋略决策的全局性、长远性，可为一个企业乃至于一个国家做长远的未来规划；策略决策，体现在谋略决策的战略目的性，有利于决策者在通往目标的路途中，以更好的决策方案成就一番大业；执行决策，体现在决策的行动方案上，可帮助决策者更好地落实，毕竟只有实践，决策才是有意义的。

那么，正确且有效的谋略决策需要以怎样的方法来获取呢？这需要决策者去了解与所进行的活动相关的情况，再根据活动中的各种信息加以辩证和思索，研究出与谋略决策信息相关的方案，再结合具体的任务、影响决策的条件等因素，进行横纵向的分析研究，以做出正确且有效的谋略决策。

以美国空军完成一个火力攻击过程为例，在海湾战争中需要 100 分钟，在科索沃战争中需要 40 分钟，在阿富汗战争中需要 20 分钟，而在伊拉克战争中仅需要 1 分钟。伴随着军事战争中作战条件的不断优化和完善，军事作战的具体操作状态已逐步呈现出由分钟计算战争，向以秒、分秒，甚至毫秒来计算战争的趋势。所以，在面对错综复杂、千变万化的战场形势和大量难辨真假的信息时，尤其是在制定军事决策时还面临着时间紧迫和心理高度紧张的主观状态下，军事决策制定者的作用就显得尤为突出和重要。

在上述案例中，决策者必须在有限的时间内针对战场形势，迅速做出正确而有效且能左右某次战争，甚至整个战场的军事决策，这就要求军事决策者拥有科学有效的军事决策方法找出火力攻击对手的时间，以此取得决策制胜的主动局面。只有拥有科学有效的决策方法才能够对战场形势进行全面、合理、准确地分析与判断，进而果断、快速地做出正确的军事决策。否则，就可能贻误战机，最终造成军事作战失利的不利局面。

所以，谋略决策者在做任何一项决策时，应该保证决策的有效性，以便做出的决策为己所用。

1. 谋略决策一定要进行实践验证

在做出相关的谋略决策之后，还必须经过实践的检验才能确定其是否正确。如果不正确，或者不完全正确，就必须对获得的信息重新认识，得出新的判断，从而做出新的决策。比如，中国人民志愿军在入朝参战之初，就曾根据战争动态，放弃了原来的预定地区设防的部署，改为运动中歼敌，结果对敌来了一个出其不意的打击，最终取得了第一次战役的胜利。

2. 谋略决策注重时效性、信息性，尤其是信息性

谋略决策者在做决策时，需要借助于一定的决策方法来收集信息、分析信息，制定出决策方案。所以，信息性是很重要的，一定要在大量

赵春林老师和顺治、孙中山、毛泽东的特型演员合影

的信息基础上进行谋略决策。

除此之外，时效性也是相当重要的。一些决策方案只适用于当前的情况，而变化是不断发生的，瞬息万变的场面意味着我们需要用不断变通的方式来应对，决策方案也必须时刻改变。越是如此，越要注意时效性。

3. 谋略决策，要兼顾全局性与局部性

谋略决策者在制定谋略决策时，应从全局性的大局出，兼顾局部利益，取得谋略决策的价值性。谋略决策者制定的谋略决策，力求达到全局战略与局部战略的协调统一，以取得谋略决策的有效性。

4. 制定谋略决策，要考虑多方面的因素

谋略决策者在做谋略决策时，遇到的问题是多方面的，有复杂的，有简单的，不论是怎样的问题，都应以科学的决策方法来具体分析，以做出优质的决策方案。

但要注意，制定谋略决策，要考虑的根本因素是问题的本质。制定一个有效的谋略决策，在于看清问题的本质，当问题的本质找到了，解决问题的方案也就有了，制定的谋略决策方案也就体现它应有的价值。

谋略决策，借鉴《孙子兵法》之智慧

一个人做决策，智慧从哪里来？是决策者的先天天赋，加后天的知识积累形成的。

在谋略领域里，最具备谋略性的著作，莫过于孙武的《孙子兵法》了。《孙子兵法》，堪称兵学经典，蕴涵着丰富的中国古典军事思想。在《孙子兵法》这本军事著作中，思想丰富，谋略深远，被广泛运用于战略决策领域，不仅仅局限在军事这一个方面。

可以说，《孙子兵法》甚至是一本心理书，是谋略智慧的极佳体现。

在《孙子兵法》里，孙武特别重视军事活动的战前决策，战前决策的谋划质量，直接影响战争的成败。孙武指出，军事活动的战前谋划，考虑全面、周密，在战争进行时，取得的胜利把握会更大些；而考虑不全面、不周密，在战争进行时，取得的胜利把握不会太大。更何况，那些在战前没有进行谋划的军事决策者，就更没有获胜的机会了。所以，在其他活动

中也是如此，谋略是否高超，和在活动之前做得决策准备有密切关系。如果你的决策做得不谨慎、考虑不全面，那么最终很难获得成功。

孙武的《孙子兵法》，是从整体性的思维角度出发，通过正确地认识问题、分析问题、判断问题，以找到决策规律，从而实现谋略决策的行为目的，达到理想的决策效果。

在《孙子兵法》这部军事著作中，孙武对如何进行决策，有他自己的独到见解。在孙武看来，做决策应从"天时""地利""人和"三个方面入手，以探索决策路径，从而做出最佳的战略规划。

著名领袖毛泽东在抗日战争中，便以《孙子兵法》之智慧，制定了抗日持久战决策。"七·七事变"之后，中国从星星之火可以燎原的抗战战略，逐步走向全面抗战。当时，有人建议速战速决，有人建议投降，而毛泽东在对敌我情况与国际环境进行全面观察与分析后，写成了《论持久战》一文，提出了持久作战的建议，并得出了胜利最终属于中国的军事结论。

在《论持久战》的决策中，也可借助《孙子兵法》的决策之法进行分析，其中涉及的五事、七计，聚集着孙子兵法中的大智慧，在分析了中国与日本的五事、七计概况后，制定出了属于中国的军事策略。

五事，体现在道、将、天、地、法方面；七计，体现在主孰有道、将孰有能、天地孰得、法令孰行、兵众孰强、士卒孰练、赏罚孰明方面。

中国方：获得了得道、得天时兼得地利的有利条件，国力略弱，却是国土广袤，取胜的可能性大；兵力略弱，却是人多兵多，却有取得胜利的潜质在。

日本方：以失道、失天时兼失地利，国力略强，却是国土狭小，没有太大潜力；兵力略强，却是人力不足，在取胜上也就少了把握。

以《孙子兵法》的智慧为决策模型，把《论持久战》中，中国对日本采取的军事策略做出了明确的军事决策，即：一是建立抗日统一战线，争取国际支援；二是采取了游击战、运动战、阵地战相结合抗战方式；三是用时间争取空间；四是动员一切能够动员的力量，积少成多，增加取胜机会。最后，中国在与日本的对战中，中国兼顾了各方面的军事战

赵春林老师创立青岛恒星决策学院

略，尤其是"人民战争"的军事抗战策略，取得了最终胜利。

毛泽东在汲取了《孙子兵法》著作中的智慧后，提出的《论持久战》军事决策，详尽地阐述了中国在抗战的路线上不会亡国，却不可速胜，而是坚持"持久抗战"才会取得最终的胜利。在他的军事决策方案中，通过对己方与敌方的优劣比较，提出了"国共合作"的抗日方案，建立起了颇具深远意义的抗日统一战线，在动员一切能够动员的力量后，取得了全民抗战的效果，加之主动争取国际社会上道义方面、物质方面的支持，最终取得了抗战胜利。

从上述案例中《论持久战》之军事决策，便能看出《孙子兵法》所蕴含的谋略智慧是多么的博大精深，它所做的不是军事判断，更重要的是人心判断。谋略就是如此，谋的并不是事，而是人，因为懂了别人如何想、如何选，才会做出恰到好处的应对。

1. 瞄准决策目标，是做好谋略决策的基本依据

孙武对军事战略的制定，形成了两个层次的决策目标：一是"取得胜利"；二是"利主保民"。在《地形》篇中写道："故进不求名，退不避罪，唯人是保，而利于主，国之宝也。"可知晓"利主保民"，是整个过程的最高目标。决策者的职责是"取得胜利"，而"利主保民"充分体现了孙武的民本思想。

所以，我们要做谋略决策，也要学会这一点，找到目标再去做决策，千万不要偏离思想。

2. 找准决策主体，是谋略决策者做好决策的关键

决策主体，大多是最高领导者担当。基于这个前提，我们在做决策时，就需要考虑最高领导者的利益，并在这个基础上做出正确的决策，使其发挥应有的作用。举个例子，如果你的决策客观看来是对的，但是要牺牲公司领导的利益，你觉得自己的决策还有实施的可能吗？不，就算是再好，也只会被束之高阁。所以，谋略决策一定要平衡各方，尤其是考虑到重要参与者的意见。

3. 灵活应用谋略思想，不要过于"纸上谈兵"

《孙子兵法》虽然好，但是也要灵活应用，过于纸上谈兵不是一个好的选择。只有在合适的时候应用，才能起到事半功倍的效果，过于照抄照搬就太死板了，你懂这个思维，别人也懂，他们就很容易猜透你。所以，一定要结合自己的想法，才能在谋略决策中真正斗智斗勇并获得胜利。

决策者要想取得谋略决策的主动权，就需要增长自身的智慧，以实现最有价值的决策战略，从而在战略战术的助力下，取得胜利。

后　记

在人生的旅途中，人们会做各种各样的决策，有来自家庭的柴米油盐，有来自企业的战略发展，有来自谋略的决策方向等，每一个决策，都足以在你人生的历程中画下一个深深的记号！

为了打开做决策的密码，也需要决策者下一番功夫，去寻决策密钥，开启决策程序，为自己的生活、自己的事业，创造有价值的决策，以成就自己的美好人生！

面对人生旅途中的诸多决策，编者结合当下的决策问题，费尽心思地查阅了大量的资料，与专家交流、探讨，与个人、企业家交换心得，终是在集众人之智慧以后，最终形成了融合各方面决策理论、决策思维、决策战略、决策方法的内容，编写出《决策至上——科学决策是成功的第一要素》一书，其宗旨在于帮助那些决策者更好地思考生活、事业、人生十字路口遇到的各种各样的决策问题，以便探索出更好的决策方案来解决。当决策者把自己身边的决策问题弄明白了、弄清楚了，自然而然地就明白了做决策的奥秘内涵，对决策者更好地享受生活、走向成功有直接助益。

《决策至上——科学决策是成功的第一要素》这本书，重在总结生活中、工作中等各方面的决策问题，帮助人们理清决策思路，探索决策方向，为各自的人生做优质决策。本书以质朴的语言，严谨的结构框架，透过决策问题的现象，挖掘决策问题的本质，通过理论与案例相结合，深入浅出地向人们介绍决策的奥妙，以协助决策者打开决策的大门，探索决策出路，做出有利于自己、家人、社会的决策，以成就精彩的决策人生。

本书的写作意义，在于帮助决策者弄清楚：什么是决策，如何做决策，什么样的决策最有效等问题，让决策者知其然知其所以然，对决策了然于胸，在面对自己生活中、事业中等方面的决策问题时，就会更加的游刃有余想办法、解决问题，制定出优质的方案，发挥出决策的应有价值，成就决策者的品质生活、品质人生。

阅读本书，可让读者朋友学会如何做决策，什么样的决策才是高效决策、有质量的决策，以及如何打造决策背后的故事，帮助读者朋友更好地实践自身的聪明才智，以收获丰硕的决策成果。以有效的思维、科学的方法做决策，将会让读者朋友终身受益，而这本书也将是读者朋友终身的良师益友！如果你渴望自己在做决策时，想得其要领，找到决策的奥秘，那么不妨试着阅读本书，相信你读过本书之后，能够深切地领悟到书中的决策哲理，这会对你的人生带来直接的改变，也会大大地提升你的生活质量、事业质量！